Gil Yaron

Lesereise Israel

Gil Yaron

Lesereise Israel

Party, Zwist und Klagemauer

Picus Verlag Wien

Grafische Gestaltung: Dorothea Löcker, Wien
Umschlagabbildung: © Eitan Simanor / www.buenosdias.at
Druck und Verarbeitung: Remaprint, Wien
ISBN 978-3-85452-989-7

Informationen über das aktuelle Programm
des Picus Verlags und Veranstaltungen unter
www.picus.at

Inhalt

Ein Vorwort

Es scheint fast unmöglich, Israel in einem einzelnen Buch zu vermitteln. Wie soll man ein Land definieren, in dem eines der ältesten Kulturvölker der Welt einen der jüngsten modernen Staaten der Erde gegründet hat? Wo moderner Nationalismus mit Bibelromantik verquickt wird und Hochtechnologie dazu dient, jahrtausendealte Bräuche zu praktizieren? Was ist typisch für ein Land, in dem die Kulturen von Einwanderern aus mehr als siebzig Ländern miteinander verschmelzen? Für einen Europäer ist Israel verwirrend vielfältig, faszinierend und facettenreich: Auf engstem Raum stößt Ost auf West, Alt auf Neu, Arm auf Reich, Religion auf Agnostiker. Moderne Wohnungen stehen auf zweitausend Jahre alten Fundamenten, grüne Weinberge sprießen mitten in der Wüste, junge Paare verlieben sich an der Klagemauer, und ja, Araber und Juden schließen manchmal tiefe Freundschaften.

Ebenso wie sich kaum erklären lässt, was eigentlich jüdische Identität ausmacht, genauso schwierig lässt sich das Phänomen erklären, das die Presse gern den »Judenstaat« nennt. Ist Judentum Religion oder Tradition, Volkszugehörigkeit oder Weltanschauung, eine Frage der Geburt oder der Überzeugung? Und ebenso fragt man nach der Quintessenz des Judenstaats: Ist er ein kolonialistischer Staat oder die Wiedergeburt eines unterdrückten Volkes,

Demokratie oder Ethnokratie, Befreier oder Besatzer? Wie der ermordete Premierminister Jitzchak Rabin (der ehemalige Generalstabschef, der zum Friedensnobelpreisträger wurde) ist der Judenstaat in erster Linie ein Paradox. Kaum etwas kann stellvertretend für dieses eigensinnige, einzigartige Mischmasch stehen, das man Israel nennt. Der schludrige *Kibbuznik* hat als Stereotyp des neuen Israel längst ausgedient, genau wie der heldenhafte Fallschirmjäger, dem einst als Verkörperung des kleinen David im Kampf gegen den arabischen Goliath die Sympathien der Welt entgegenschlugen. Israel ist ein Land, das der Welt Computerchips und modernste Kommunikationstechnologie schenkt und gleichzeitig debattiert, wie jahrtausendealte biblische Gesetze heute angewandt werden sollten. So kann jeder Bericht immer nur einen Aspekt dieses kunterbunten Mosaiks beleuchten, dem Gesamtbild wird er nie gerecht.

Als Beobachter ist man ständig auf der Suche nach dem definierenden Moment, dem alles aussagenden Schnappschuss, der, ohne mit ermüdenden Erklärungen weit ausholen zu müssen, dieses Land intuitiv fassbar macht. Für mich ist dieser Augenblick der Übergang vom Gedenktag an die gefallenen Soldaten zu den direkt darauf folgenden Feiern zum Unabhängigkeitstag. Dieser dramatische Übergang ist charakteristisch für die Dilemmata und Debatten, die in Israel seit seiner Gründung jedes Jahr aufs Neue ausgetragen werden, und nirgends sind die Konsequenzen dieser Debatten deutlicher spürbar als in Tel Aviv.

Tel Aviv gilt als die Vergnügungsmetropole Israels. Rund um die Uhr wird hier gefeiert, gegessen und getanzt, fast das ganze Jahr hindurch. Wer einmal mittags durch die Straßen marschiert, in der Kaffeehäuser vor lauter Andrang sogar in kleine Kioske mitten auf den Bürgersteigen ausweichen, könnte meinen, in dieser Stadt arbeiteten einzig die Kellnerinnen. Zwei Mal im Jahr jedoch hält selbst Tel Aviv den Atem an und versinkt für vierundzwanzig Stunden in tiefe Trauer. Wo sonst Bässe aus Diskotheken dröhnen und junge Menschen auf ihren Mopeds ausgelassen durch die Nacht knattern, herrscht plötzlich buchstäblich Totenstille. Der erste solche Tag ist *Jom Haschoa,* der Gedenktag für die Opfer des Holocaust, an dem man dem Andenken an den Völkermord der Nazis nicht entfliehen kann. Restaurants und Bars haben geschlossen und bieten keine Ablenkung, Fernsehen und Radio strahlen Dokumentarsendungen aus oder spielen melancholische Musik.

Während die Ereignisse des Holocaust-Gedenktags jedoch an Aktualität verlieren, behält der zweite Trauertag des Jahres seine Bedeutung. *Jom Hasikaron,* der Gedenktag für die gefallenen Soldaten und Terroropfer, und der direkt darauf folgende Unabhängigkeitstag *Jom Haatzmaut* sind die israelischsten aller Feiertage. Dafür sorgen nicht nur die im nationalen Blau-Weiß geschmückten Straßen und Autos, an deren Fenstern kleine Israel-Flaggen patriotisch im Fahrtwind flattern. Ja, schon die Debatten darüber, wann denn überhaupt der Unabhängigkeitstag begangen werden soll, dürften für

Israel einzigartig sein. Im Jahr 2008 beispielsweise legte die Regierung den 8. Mai als Stichtag für die Feiern zum sechzigsten Jahrestag der Unabhängigkeitserklärung fest, obschon David Ben Gurion, der erste Premier, im Jahr 1948 den Staat doch fast eine Woche später, am 14. Mai, ausrief. Jüdische Feiertage richten sich aber nicht nach dem gregorianischen Sonnenkalender, sondern nach dem hebräischen Mondkalender. Derselbe Kalendertag, im Falle der Unabhängigkeitserklärung Israels der fünfte *Iyar*, fällt jedoch nur selten zusammen. Im Jahr 2008 wurde der Unabhängigkeitstag aber auch nicht am fünften *Iyar* gefeiert. Der wäre auf Samstag, den 10. Mai gefallen. Der Sabbat ist Juden bekanntlich heilig, und viele festliche Aktivitäten, wie öffentliche Konzerte, hätten deshalb nicht stattfinden dürfen. Also wurde der Geburtstag Israels ganz einfach um zwei Tage auf den dritten *Iyar* vorgezogen, um religiösen Juden die Teilnahme an den Feiern zu ermöglichen.

Noch mehr als die Debatte über das Datum der Feiern ist der schwindelerregende Übergang von tiefster Trauer zu ausgelassener Freude typisch. Am Morgen von *Jom Hasikaron*, dem Gedenktag für die gefallenen Soldaten, heulen für zwei Minuten die Luftschutzsirenen auf. Fast das ganze Land steht still. Autos halten auf den Autobahnen, Fahrer steigen aus und senken ihr Haupt in Andacht an die mehr als zweiundzwanzigtausendvierhundert Gefallenen. Auf Bürgersteigen und in Supermärkten gedenkt man derjenigen, die für die Unabhängigkeit des Staates mit ihrem Leben bezahlten. Auf zig Friedhöfen weinen Väter an den Gräbern ihrer

Söhne, Kinder am Grab von Vater oder Mutter. Viele Israelis haben Familienangehörige, Freunde oder Bekannte, die in einem Krieg gefallen sind.

Dann, am Abend, ist schlagartig alles vorbei. In einer kurzen Zeremonie wird noch einmal an die Opfer und Helden erinnert, dann wird die Flagge mit dem Davidstern auf Vollmast gehisst, fröhliche Märsche und Popsongs tönen aus dem Radio. Der Himmel, am Vortag noch mit Schwermut erfüllt, wird nun mit bunten Feuerwerken erhellt. Kinder strömen auf die Straßen und sprühen jauchzend Rasierschaum auf Passanten. Die erhabene Stille des Vormittags ist vergessen. Bis in die Morgenstunden fliegen Musikstars in Helikoptern von einer Freilichtbühne zur nächsten. Menschen tanzen, singen und trinken im Freien. Israel geht innerhalb weniger Minuten von Schmerz zu ekstatischer Freude über.

Das Fest der Freiheit der Israelis bedeutet für Palästinenser meist Ausgangssperre: Den Unabhängigkeitstag Israels nennen sie den *Yaum an-Naqba,* den Tag ihrer Katastrophe. Für sie war die Gründung Israels der Beginn ihres Leides. Nicht nur jenseits, auch diesseits der grünen Linie ist das eigenartige Gedenk- und Feiertagspaar problematisch: In arabischen Dörfern Israels heulen die Sirenen erst gar nicht auf. Für die Palästinenser mit israelischer Staatsangehörigkeit, immerhin ein Fünftel der Bevölkerung, sind diese nationalen Feiertage Momente schwerer Identitätskrisen, wenn ihnen deutlich wird, wie sehr ihre Loyalität zwischen ihrer Staats- und ihrer Volkszugehörigkeit gespalten ist. Doch nicht nur sie haben ein zwiespältiges Verhältnis zu ihrem Staat: Jahr für Jahr empören sich die Medien von Neuem über Juden in ultraorthodoxen Stadtvierteln, die während der Sirene nicht stehen bleiben, weil sie die Gedenkminute und die Feiern am Tag danach für heidnische Bräuche halten. Dass selbst diese Augenblicke den Staat nicht einen, ist vor allem für junge Israelis, die kurz vor ihrem Wehrdienst stehen und dieses paradoxe Gemisch verschiedenster Bevölkerungsgruppen bald mit ihrem Leben verteidigen sollen, problematisch.

Jedes Jahr diskutieren Israelis über dieses schizophrene Wechselbad der Gefühle. Doch genau dieser jähe Umschwung, das gelebte Paradox und die leidenschaftlichen offenen Debatten darüber, wie man es richtig macht, sind in meinen Augen für dieses Land typisch. Temperament, die Bereitschaft und Fähigkeit, Ungewissheit zu ertragen und mit ihr offen und konstruktiv umzugehen, machen für mich den Reiz Israels aus. Ein Land, auf das jede Definition passt, und dem doch keine gerecht werden kann.

Die israelischsten Fragen

Zwei Fragen gelten als typisch israelisch. Die erste: »Wo hast du in der Armee gedient?« ist recht harmlos. Die zweite hat jedoch manchmal schwerwiegende Konsequenzen

»Wo sind wir zu den Feiertagen?«, ist die Frage, die sich junge Paare alle paar Wochen zu einem der zahlreichen jüdischen Feiertage stellen. Das Dilemma ist einfach beschrieben: »Bei deinen oder bei meinen Eltern?«, lautet die Frage, über die tagelang gestritten wird, bestimmt sie doch häufig nicht nur über das persönliche Wohlbefinden, sondern auch über den Einstellwinkel eines schiefen oder wohl justierten Haussegens.

In Israel wird der Jahresrhythmus von den religiösen Feiertagen diktiert. Eigentlich begehen alle die gleichen Feste. Oberflächlich betrachtet haben die Juden aus mehr als siebzig Herkunftsländern ähnliche Traditionen. Zu den hohen Feiertagen, dem Neujahr und dem Versöhnungstag *Jom Kippur*, tragen die meisten ein feierliches Weiß. Lederschuhe sind verpönt. Doch der Teufel steckt bekanntlich im Detail, und wie genau die Feiertage begangen werden, hängt ganz davon ab, aus welchem Land die Eltern ursprünglich stammen.

Böse Zungen behaupten, dass man alle jüdischen Feiertage mit einem kurzen Motto erklären kann: »Sie wollten uns töten, wir haben überlebt, was gibt's jetzt zu essen?« Tatsächlich sind die gemeinsamen Gelage meist Hauptprogrammpunkt, und hier scheiden sich die Geister. Nehmen wir den *gefillten Fisch* zum Beispiel: eine glorifizierte gesüßte und kalt gereichte Fischfrikadelle, die meistens mit einem wacklig-glibberigen Film von Gelatine und zerkochten Möhrchen überzogen wird. Für eine aschkenasische Großmutter, also eine Jüdin, deren Vorfahren aus Osteuropa stammen, ist der meist fade *gefillte Fisch* ein Eckpfeiler des Festtagsessens. Dabei ist es ihr völlig gleichgültig, dass das Exil bereits vor Jahrzehnten endete und der israelische Markt ihr eine Vielzahl exotischer Gewürze bieten kann, um der Fischbulette Geschmack zu verleihen.

Ein *Mizrahi,* also ein Jude, dessen Eltern aus arabischen Ländern einwanderten, reagiert nicht selten mit Entsetzen, wenn ihm dieses graue schwabbelnde Etwas an einer aschkenasischen Tafel als Vorspeise serviert wird. Schließlich wurde seine Zunge ja nicht von Kindesbeinen an darauf trainiert, sich den Geschmack des Essens selbst dazu zu denken. Umgekehrt lösen die deftig gewürzten Speisen der *Mizrahim* bei Aschkenasen nicht nur ein Feuer im Schlund, sondern auch anhaltendes Sodbrennen aus, das so manchem die Pein des Fasttags *Jom Kippur* wie einen Genuss erscheinen lässt.

Und das ist nur die Vorspeise! Gelangweilten Hausfrauen fielen in den Jahrhunderten allerlei ausgefallene Gerichte ein. Dass ein Apfel in Honig getaucht wird, um ein süßes neues Jahr zu symbolisieren, ist dabei noch der appetitlichste Brauch. Aber wenn Rinderlungen gereicht werden, um die Hoffnung zu versinnbildlichen, dass man künftig nur noch »Sünden so leicht wie Luft« begehen möge, oder wenn ein Tierkopf auf der Tafel erscheint, damit man immer am Anfang und nicht am Ende stehen möge, vergeht vielen der Appetit.

Die Antwort auf die Frage: »Wo sind wir zu den Feiertagen?«, entscheidet also nicht nur, wessen Eltern denn nun dieses Jahr beleidigt sein werden, sondern oft auch, welcher Partner nach dem Feiertag hungrig ins Bett steigt. Kein Wunder, dass immer mehr israelische Paare versuchen, sich diesem Dilemma zu entziehen. Nicht umsonst verlässt an den wichtigsten Feiertagen alle fünfzig Sekunden ein Flugzeug das Land. Die Lieblingsantwort auf die israelischste aller Fragen lautet neuerdings: »Gott sei Dank, im Ausland!«

Wie der Holocaust nach Israel kam

Der Holocaust ist ein entscheidender Bestandteil der israelischen Psyche. Das war nicht immer so

Beruhigend tickt die große Standuhr im Hintergrund und passt so gar nicht zu der Geschwindigkeit, in der dieser agile dreiundachtzig Jahre alte Mann sein ereignisreiches Leben Revue passieren lässt. »Es ist vielleicht nur eine Nebensache«, sagt Gabriel Bach. »Aber jedes Mal, wenn ich ein Kind in einem roten Mantel sehe, bekomme ich Herzklopfen. Dieser Anblick erinnert mich mehr an den Prozess als alles andere.« Selbst bei jemandem, der so abgebrüht und erfahren ist wie Gabriel Bach, hinterlässt es schmerzvolle Narben, einen der größten Mörder des 20. Jahrhunderts anzuklagen. Das Aktenzeichen 40/61 mag harmlos klingen. Hinter diesen Ziffern versteckt sich jedoch einer der wichtigsten Prozesse in Israels Staatsgeschichte. Kein anderes Gerichtsverfahren prägte die israelische Gesellschaft so nachhaltig wie der Prozess gegen SS-Obersturmbannführer Karl Adolf Eichmann, der als Leiter des Referats IV D 4 im Reichssicherheitshauptamt maßgeblich für die Deportation und Ermordung von Millionen Juden verantwortlich war. Bach hat als Staatsanwalt und später als Richter im Obersten Gerichtshof an mehreren spektakulären Prozessen mitgewirkt. Kein Ereignis prägte sein Leben jedoch so wie die Monate, in denen er als stellvertretender Chefankläger im Eichmann-Prozess fungierte.

Als israelische Geheimdienstagenten den Obersturmbannführer 1960 in Buenos Aires aufgriffen und nach Jerusalem vor Gericht brachten, begann für Bach und den ganzen Staat Israel ein neues Kapitel. Am 11. Mai 1960 versetzte Israels Premier David Ben Gurion das Land in Aufregung. In trockenen Worten verkündete er vor der *Knesset*, dass »unsere Sicherheitsdienste vor kurzer Zeit einen der berüchtigsten Naziverbrecher, Adolf Eichmann, gefasst haben. Er war gemeinsam mit der Führung der Nazis für das verantwortlich, was sie als ›die Endlösung der Judenfrage‹ bezeichneten – in anderen Worten, die Vernichtung von sechs Millionen europäischen Juden. Adolf Eichmann ist bereits in unserem Land in Haft, und wird [...] hier in Israel vor Gericht gestellt werden.« – »Es war, als hätte Ben Gurion uns einen Stromschlag versetzt«, erinnert sich Bach.

Zwei Tage später erhielt er den bereits erwarteten Anruf vom Justizminister, der ihn bat, im Prozess eine besondere Rolle zu spielen, nicht zuletzt wegen seiner perfekten Deutschkenntnisse. »Ich sollte die Beratung der Polizeieinheit 06 übernehmen, die die Anklageschrift gegen Eichmann vorbereitete.« Bach war kurze Zeit zuvor im Alter von dreiunddreißig Jahren zum stellvertretenden Generalstaatsanwalt ernannt worden. Wie viele seiner Mitbürger war auch Bach ursprünglich ein Flüchtling aus dem »Dritten Reich«. »Eine Reihe von glücklichen Zufällen hat dafür gesorgt, dass ich noch lebe«, sagt Bach. Seine Familie entschloss sich erst 1938 zur Flucht aus Berlin, zwei Wochen vor der Reichspogromnacht, nach der die Flucht aus Deutschland unmöglich wurde. Fast wäre die Flucht gescheitert: »An der holländischen Grenze hielt ein SS-Offizier uns an und befahl uns, aus dem Zug zu steigen. Er durchsuchte unsere Koffer und ließ uns erst gehen, als der Zug bereits begann zu fahren.« Zu seinem »Glück«, so erinnert sich Bach heute mit einem leichten Schmunzeln, trat ihm der SS-Mann in den Hintern und half ihm so auf den Waggon. Ein markanter Abschied für jemanden, der später einmal das Bundesverdienstkreuz erhalten sollte. Nur einen Monat vor dem Einmarsch Deutschlands in Holland reiste seine Familie nach Palästina aus. »Es war die letzte Fahrt der ›Patria‹ – auf der nächsten Überfahrt wurde das Schiff versenkt«, sagt Bach.

Nachdem er die Beratung der Einheit 06 übernommen hatte, lebte Bach neun Monate neben der Zelle, in der der Nazischerge untergebracht war: »Sie hatten das ganze Gefängnis geräumt. Ich war Eichmanns einzige Verbindung zur Außenwelt.« Bach erinnert sich noch genau an sein erstes Treffen mit Eichmann. Er lehnt sich in dem gemütlichen Ohrensessel zurück und erzählt: »Ich las gerade die Autobiografie von Rudolf Höß, dem Kommandanten des Vernichtungslagers Auschwitz«, sagt Bach. »Ich hatte die Stelle erreicht, in der Höß beschreibt, wie sie damals mehr als tausend jüdische Kinder am Tag töteten.« Bach verengt seine Augen und zitiert aus dem Buch, als läse er vor: »Wenn ich die

Kinder in die Gaskammer stoßen musste, bekam ich manchmal Kniezittern. Aber ich hab mich immer für meine Schwäche geschämt, nachdem ich mit Obersturmbannführer Adolf Eichmann gesprochen hatte. Denn Eichmann hatte mir erklärt, dass es hauptsächlich die Kinder sind, die man zuerst töten sollte. Denn wo ist die Logik, dass man eine Generation von älteren Menschen umbringt, und eine Generation von möglichen Rächern, die ja auch eine Keimzelle für die Wiedererrichtung dieser Rasse bedeuten könnten, dass man die am Leben lässt.« Zehn Minuten später bat Eichmann um ein erstes Treffen mit Bach, der für alle Belange Eichmanns zuständig war: »Als ich seine Schritte hörte und er mir gegenübersaß, fiel es mir nicht leicht, eine ruhige Miene zu bewahren.«

Nicht nur für Bach, sondern für den ganzen Staat war die Konfrontation mit Eichmann und dem Holocaust ein Trauma, selbst wenn es nicht das erste Mal war, dass die Schoah vor Gericht oder in den Medien behandelt wurde. Schon die Nürnberger Prozesse spielten 1945–1949 in den Medien eine große Rolle. Noch rückten aber die Schrecken des Zweiten Weltkriegs das Verbrechen der Nazis an den Juden in den Hintergrund. Dessen wahre Ausmaße wurden zu diesem Zeitpunkt noch nicht begriffen. Israelische Zeitungen berichteten kühl und distanziert, stützten sich, wie die Ankläger, hauptsächlich auf die Sichtweise der Täter. Jüdische Opfer waren in dieser Berichterstattung nur ein passives Objekt und wurden nicht in den Zeugenstand gerufen.

Diese Betrachtungsweise deckte sich mit der

Weltanschauung der zionistischen Staatsgründer. Die wollten nicht bloß einen jüdischen Staat errichten, sondern gleich einen anderen Menschenschlag, einen »neuen Juden«, schaffen. Rabbiner sollten zu Bauern und Kämpfern werden. Die eckigen, glatt rasierten Gesichtszüge zionistischer Propagandaposter kontrastierten bewusst das blasse Antlitz bärtiger orthodoxer Juden. Der neue Hebräer sollte nicht nur zu seinen geografischen Wurzeln in Palästina, sondern auch zu den biblischen Wurzeln wehrhafter jüdischer Königreiche zurückkehren. Max Nordau, einer der wichtigsten Führer der zionistischen Bewegung, meinte, man solle aus blassen »Judenleichen« der Ghettos »Muskeljuden« machen, die in die Fußstapfen der wackeren Hebräer treten: »Knüpfen wir wieder an unseren ältesten Überlieferungen an: werden wir wieder tiefbrüstige, strammgliedrige, kühnblickende Männer«, forderte Nordau im Jahr 1900 in einem Aufsatz in der *Jüdischen Turnzeitung*.

Die wehrlose Opferrolle der Juden in der Schoah widersprach diesem Traum. Mit den jüdischen Widerstandskämpfern der Ghettos von Wilna oder Warschau konnte man sich identifizieren, den Überlebenden der Vernichtungslager warf man hingegen vor, sie hätten sich »wie Lämmer auf die Schlachtbank« führen lassen. »Seifen« nannten die Zionisten die Holocaust-Überlebenden, in Anlehnung an ein Gerücht, laut dem die Nazis aus toten Juden Seife gemacht hatten. Zu dieser offensichtlichen Geringschätzung gesellte sich die Anschuldigung, die Juden der Diaspora trügen eine Mitschuld an ihrer Vernichtung, weil sie die Möglichkeit, rechtzeitig nach Palästina einzuwandern und das zionistische Projekt zu stärken, abgelehnt hatten. Die Überlebenden wurden von Schuldgefühlen geplagt. Der Autor Mark Dworzecki fasste sie 1946 in seinem Aufsatz »Wie hast Du überlebt?«, in bewegende Worte: »Es scheint mir, als sei ich mit einem Kainsmal behaftet, das niemals ausradiert werden kann. [...] ich meine die Schande, überlebt zu haben, wenn alle anderen tot sind. [...] es ist mir unmöglich, den Fragen zu entkommen [...] Ich höre die Stimmen der Toten, die mir sagen: ›Wir wurden ermordet [...] und du lebst?‹ Gewissen, bitte sag mir, welche Antwort soll ich ihnen geben?«

Eine Antwort auf diese Frage war das »Gesetz zur Bestrafung von Nazis und ihren Kollaborateuren«. Indem man die Opfer beschuldigte, gab man sich der Illusion hin, in der Schoah nicht hilflos gewesen zu sein, sondern Alternativen gehabt zu haben. In den fünfziger Jahren war man in Israel in den »Kapo-Verfahren« damit beschäftigt, das »eigene Lager zu säubern«, sagte damals Justizminister Pinchas Rosen. Doch die Mehrheit der Überlebenden wünschte sich nicht Rache, sondern einen Neuanfang, um die Schrecken der Vergangenheit zu vergessen. Die Überlebenden, die bald ein Viertel der israelischen Bevölkerung ausmachten, wollten nicht mehr die letzten Juden Europas sein, sondern zu den ersten Israelis werden: Ihre Rache bestand aus der Gründung neuer Familien und dem Aufbau der Wirtschaft, Armee und Kultur ihrer neuen Heimat. Im Land der Opfer wurde die Schoah totgeschwiegen.

Trotzdem war Eichmann im Land der Opfer bereits eine bekannte Größe, als er aus Argentinien nach Israel gebracht wurde. Bach kannte ihn bereits als Nebenfigur im skandalösen Kastner-Prozess, ein Prozess, der das Schoah-Tabu erstmals brach. Dr. Rudolph Kastner hatte in Budapest das jüdische Rettungskomitee geleitet, das dabei geholfen hatte, während des Krieges jüdische Flüchtlinge aus den Nachbarländern aufzunehmen. Doch 1944 wurde Adolf Eichmann nach Ungarn geschickt, um sich hier auf seine Art der »Judenfrage« zu widmen. Die letzte Stunde des ungarischen Judentums hatte geschlagen: In knapp zwei Monaten ließ Eichmann rund eine halbe Million Juden deportieren und ermorden. Unter diesen unmöglichen Bedingungen versuchte Kastner zu retten, wen er konnte, und verhandelte mit Eichmann. Es gelang ihm, einen Zug mit tausendsechshundertfünfundachtzig Juden zu retten und fünfzehntausend Juden nach Strasshof in Österreich zu verfrachten. Der Zug wurde als VIP-Zug bekannt – Kastner hatte wenige Passagiere persönlich ausgesucht.

Nach seiner Einwanderung nach Israel machte Kastner eine bescheidene politische Karriere im israelischen Staatsapparat. Im Jahr 1952 wurde sie jedoch von einem Pamphlet gefährdet, das Malkiel Gruenwald veröffentlichte. Gruenwald hatte etwa fünfzig seiner Familienmitglieder in der Schoah verloren und machte Kastner dafür verantwortlich: »Kastner muss getötet werden! Er ist verantwortlich für den Mord an meinen Brüdern!«, schrieb Gruenwald. Kastner sah sich gezwungen, Gruenwald zu verklagen. Der Prozess dauerte neunzehn Monate, bis zum Juli 1955. Neben Kastner saß symbolisch die zionistische Führung auf der Anklagebank, die angeblich nicht genug zur Rettung der Juden getan hatte. Das Urteil des regimekritischen Richters Benjamin Halevi erschütterte Israel. Indem er mit Eichmann verhandelte, habe Kastner »seine Seele an den Teufel verschachert«. Kastner legte Berufung ein. Seinen Freispruch, den der höchste Gerichtshof im Januar 1958 aussprach, erlebte er nicht mehr. Im März 1957 wurde Kastner vor dem Eingang seines Hauses in Tel Aviv erschossen. Doch Kastners Freispruch erfüllte eine wichtige Funktion. Die Richter erklärten, dass »nicht jeder Akt der Kooperation als Kollaboration gedeutet werden sollte«. Endlich schüttelte Israel seinen Opferschuldkomplex ab. Von nun wurde den meisten klar, dass die Nazis allein für den Mord an den Juden verantwortlich gewesen waren.

Kaum jemand trug mehr persönliche Verantwortung für die Schoah als Adolf Eichmann. Kritiker meinten später, man habe den Falschen auf die Anklagebank gesetzt. Hannah Arendt prägte in ihrem Buch über den Prozess den Begriff der »Banalität des Bösen«. Für Bach ist diese Aussage realitätsfremd: »Eichmann interessierte sich zwar anfangs für ›Judensachen‹, jedoch nur weil er glaubte, dass es seiner Karriere dienlich sein könnte. Aber langsam wurde es zu einer wirklichen Besessenheit. Er identifizierte sich absolut mit dem Begehren [die Juden zu ermorden]. Es gab sehr viele Abteilungen in der SS, alle Abteilungsleiter wurden ohne Ausnahme nach wenigen Jahren ausgetauscht. Der Einzige, der den ganzen Krieg hindurch auf seinem Posten blieb, war Eichmann. Seine Vorgesetzten wussten, wie fanatisch Eichmann die Ermordung der Juden verfolgte.« Eichmann sei kein kleiner Technokrat gewesen, sondern der richtige Angeklagte eines historischen Prozesses: »Von allen Nazis, die zu dieser Zeit noch am Leben waren, hätte ich mich immer wieder dafür entschlossen, Eichmann anzuklagen. Er war für alle Aspekte und Stadien der Judenvernichtung verantwortlich, in ganz Europa. Manche nannten den Völkermord sogar ›Operation Eichmann‹.«

Eichmann, nicht die jüdischen Kollaborateure, war jetzt das Sinnbild des Bösen. Zudem habe er seine Tat niemals bereut: »Mir lag die Abschrift eines Interviews vor, das Eichmann 1956 einem holländischen Journalisten gegeben hatte«, sagt Bach. »Es war eine Pracht, diese Züge mit den Juden zu sehen, die von Holland nach Auschwitz gebracht wurden«, gab der Verantwortliche für die Deportation Hunderttausender Juden elf Jahre nach dem Zweiten Weltkrieg zu Protokoll. »Als der Reporter Eichmann fragte, ob er etwas bereue, antwortete er: ›Ja, eine Sache hat mir leid getan. Dass ich nicht hart genug war, dass ich nicht scharf genug war, dass ich diese verdammten Interventionisten nicht genug bekämpft habe. Jetzt sehen Sie das Resultat: Die Gründung des Staates Israel und die Wiedereinrichtung dieser Rasse dort.‹ Wenn er das 1956, elf Jahre nach dem Krieg, gesagt hat, dann kann ich gegenüber seiner Reue fünf Jahre später skeptisch sein«, resümiert Bach. Eichmann war Überzeugungstäter: »Als Eichmann hörte, dass lokale Milizen Juden erschossen hatten, war er außer sich vor Wut. Nicht aus humanitären Gründen. Nein, er beklagte sich, dass er die Übersicht verliere!«

Der ehemalige Henker hatte derweil im Gefängnis die Rolle des gehorsamen Häftlings übernommen. »Wenn er dachte, ich wolle aufstehen, sprang er sofort auf und nahm Haltung an«, erinnert sich Bach. »Nicht aus Angst«, betont der später liberale Richter: »Er dachte, das gehört sich so.« Eichmann schien von seinen Wärtern dieselbe Härte zu erwarten, mit der er den Mord von Millionen Juden in Europa betrieben hatte: »Er bekam immer drei Scheiben Brot. Als er einmal nicht so großen Hunger hatte, bat er um Erlaubnis, nur zwei Scheiben essen zu dürfen.«

In monatelanger Sisyphosarbeit durchsiebten Bach und seine Truppe Tausende Dokumente, um die Anklage vorzubereiten. Tagtäglich mit dem Mord an Hunderttausenden beschäftigt, suchte Bach nach einem Hoffnungsschimmer – Fälle, in denen Eichmann Milde hatte walten lassen: »Ich habe so sehr danach gesucht, aber kein einziges Beispiel gefunden.« Da war der jüdische Physikprofessor in Paris, der Patente für die neue Radartechnologie besaß. »Ein General der Wehrmacht bat darum, Professor Weiß noch nicht zu deportieren, weil sein Wissen wichtig für die Kriegsanstrengungen der Wehrmacht war. Ich dachte, jetzt habe ich es! Die Antwort Eichmanns lautete jedoch: ›Aus prinzipiellen Erwägungen kann ich unmöglich einwilligen.‹

Der General hat danach wütend angerufen: ›Wie wagen Sie es, meine Instruktionen nicht zu befolgen? Ich bin General der Wehrmacht!‹ Worauf Eichmann antwortete: ›Und ich bin Obersturmbannführer der SS, Ihr militärischer Rang interessiert mich nicht … Ich sehe keinen Grund, die Deportation auch nur um einen Tag zu verschieben‹«, zitiert Bach die Prozessakten aus dem Gedächtnis.

Hinter Bach erinnert eine Porträtaufnahme in Schwarz-Weiß an einen der schwersten Augenblicke des Prozesses. »Sie wurde kurz nach der Aussage eines Mannes aufgenommen, der die Gaskammern überlebt hatte«, sagt Bach. Der Zeuge war einer der wenigen, die lebend eine Gaskammer verlassen hatten. »Er war noch ein Kind gewesen. Die Gaskammer wurde abgeschlossen, es war dunkel. Die Kinder haben gesungen, um sich Mut zu machen. Als nichts geschah, fingen die Kinder an zu weinen. Auf einmal öffnete sich die Tür. Ein Zug mit Kartoffeln war angekommen und die SS hatte nicht genug Leute, um ihn zu entladen. Da haben sie zwanzig Kinder neben der Tür herausgeholt um ihn zu entladen.« Später beschuldigte ein Offizier das Kind, ein Fahrzeug durch seine Nachlässigkeit beschädigt zu haben, und gab die Anweisung, den Jungen erst auszupeitschen, bevor er vergast werden sollte. »Der SS-Mann, der das durchführen musste, hat den Jungen als Laufbursche bei sich behalten. Das hat ihm das Leben gerettet«, sagt Bach. »Es gab viele grausame Sachen im Eichmann-Prozess, aber das war selbst für uns zu hart und wir mussten fünfzehn Minuten Pause einlegen.«

Bachs Vorgesetzter, Generalstaatsanwalt Gideon Hausner, war sich der historischen Bedeutung des Prozesses von Anfang an bewusst: »Dies ist eine Generation ohne Großväter und Großmütter. Sie versteht nicht, was geschehen ist«, schrieb Hausner später. Eichmann sollte nicht bloß überführt werden. Viel wichtiger war es, die Jugend neu zu erziehen. Die Anklage lud hunderteinundzwanzig Zeugen vor, Überlebende aus Lagern und Ghettos, die den Israelis durch die Erzählung ihrer persönlichen Schicksale den Schrecken, aber auch ihren alltäglichen Mut näherbrachten. Gebannt saß ganz Israel täglich vor den Radios und lauschte den Übertragungen aus dem Gerichtssaal.

Die Zeugenaussagen hatten eine tief greifende Wirkung auf den Staat der Juden, in dem die Schrecken der Schoah bislang totgeschwiegen worden waren. »Viele Israelis wollten nichts vom Holocaust wissen, andere schämten sich dafür, Opfer des Holocaust gewesen zu sein«, sagt Bach. Im Land der Opfer war die Schoah tabu. Dem machte der Prozess ein Ende. »Wir waren bemüht, den Menschen zu zeigen, dass es keinen Grund gab, sich für die Schoah zu schämen«, sagt Bach. »Im Gegenteil, man konnte stolz sein. Juden fügten sich, solange sie nicht wussten, wie aussichtslos ihre Lage war. Die Nazis täuschten ihre Opfer mit fast wissenschaftlichen Methoden, und niemand glaubte daran, dass alle getötet werden würden. Doch sobald sie erkannten, dass man sie nur ermorden wollte, erhoben und wehrten sie sich, wie im Ghetto von Warschau.« Der Bewusstseinswandel vollzog sich in Bachs engster Umgebung. Monatelang arbeitete er mit seinem Team von Polizisten zusammen: »Für jedes Land in Europa war ein Offizier zuständig, der mir die relevanten Dokumente zur Auswahl vorlegte.« Polen verweigerte Israel damals die Zusammenarbeit. Trotzdem erreichte Bach eines Tages die Abschrift eines Dokuments, das die Anlieferung von Juden in Auschwitz dokumentierte. Die SS hatte feinsäuberlich die Daten festgehalten, an denen den Häftlingen ihre Nummer eintätowiert worden war. Bach stand vor einem Dilemma: »Das Dokument hatte keinen Stempel, wir konnten nicht beweisen, dass es echt war. Also schlug ich vor, Juden zu finden, die an diesen Daten nach Auschwitz gekommen waren, um einen Querverweis zwischen ihren tätowierten Nummern und dem Dokument zu haben.« In diesem Augenblick krempelte einer seiner Beamten den Ärmel hoch: »Er war ein Holocaust-Überlebender, und seine Nummer stand auf dem Dokument. Niemand von uns hatte vorher gewusst, dass er in Auschwitz gewesen war.«

So wie Bach entdeckte ganz Israel in den vier Monaten des Prozesses die Überlebenden in seiner Mitte. Plötzlich vernahm man das Schicksal eines Viertels der Bürger, das vorher nicht wahrgenommen worden war. »Sechs Millionen Opfer wurden ermordet, aber Zehntausende, die alle Abteilungen der Nazihölle durchwandert und auf wunderbare Weise überlebt haben – sind sie nicht auch Opfer?«, fragte jetzt die Tageszeitung *Davar*. Für die Überlebenden war dies nicht leicht: »Alte Wunden und Narben werden wieder aufgerissen. Alles, was sie

[…] versuchten, zu vergessen, wird nun wieder auferstehen. Viele unschuldige Opfer werden in den kommenden Monaten leiden«, mutmaßte die Zeitung *Haaretz*. Kurzfristig nahm die Zahl der Selbstmorde unter Schoah-Überlebenden zu, *Haaretz* sprach von einer »Massenhysterie«.

Doch jetzt konnten sie ihre Geschichte erzählen und wurden nicht mehr verachtet. Das Gerichtsverfahren wurde zu einem kollektiven Heilungsprozess und veränderte das Bewusstsein und Selbstverständnis der israelischen Gesellschaft: »Papa, warum hassen uns alle Menschen so?«, fragte Bachs kleine Tochter eines Abends, als er vom Prozess heimkam und ihr zum ersten Mal von der Schoah erzählt wurde. »Es ist kriminell zu behaupten, die Juden hätten […] zu Hitlers Zeiten anders handeln können, als sie es taten«, schrieb der ultranationale Dichter Uri Zvi Grinberg. Der vernichteten Welt des europäischen Judentums wurde Anerkennung gezollt, das »neue, hebräische« Israel söhnte sich mit seinen jüdischen Wurzeln aus. Im Staatsradio konnte man nun erstmals Sendungen nicht nur im »zionistischen« Hebräisch, sondern auch in der ehedem verbotenen Sprache der jüdischen Diaspora, Jiddisch, hören. Israelische Schulen begannen, den Holocaust zu lehren, Kinder wurden dazu angehalten, Israel nicht mehr als einen Bruch mit der Geschichte und radikale Neuerfindung zu betrachten, sondern als Weiterentwicklung einer zweitausend Jahre alten jüdischen Existenz im Exil. Gideon Hausner fasste die neue Weltanschauung zusammen: »Wir und die ermordeten Juden sind eins.«

Heute sollen junge Israelis nicht mehr in archäologischen Ausgrabungen nach den Wurzeln ihrer hebräischen, biblischen Kultur suchen, sondern in die Vernichtungslager Europas reisen, um wieder an die ausgelöschte Kultur des jüdischen Osteuropa anzuknüpfen.

Viele Historiker sehen im Eichmann-Prozess einen Wendepunkt, der einen Wandel der israelischen Gesellschaft symbolisiert. Wissen über die Details der Schoah wurde zu einem Bewusstsein, zahllose Opfer zu Individuen, Lämmer zu Helden, Israelis zu Juden, die Diaspora vom Exil zum kulturellen Erbe. Bach stimmt dem nationalen Schriftsteller Haim Guri zu, der damals feststellte: »Keiner von uns hat den Gerichtssaal so verlassen, wie er hineingekommen ist.« Die Schoah wurde zu einem Grundbestandteil israelischer Staatsräson. »In nur zwei Dingen zeigt sich in den Augen der Weltöffentlichkeit der besondere Charakter Israels als jüdischer Staat«, schrieb der Generaldirektor des Außenministeriums, Haim Yahil, damals. »Das Erste ist die rettende Funktion des Staates, in dem jeder Jude einen Platz hat. […] Das Zweite ist der Umstand, dass der Staat Gerechtigkeit für sein Volk verlangt und diejenigen richtet, die die Nation und ihr Existenzrecht bedrohen.« Israel änderte sein Selbstverständnis: Es sollte nicht mehr der Wohnort einer elitären Minderheit sein, die einen neuen Menschenschlag und eine Mustergesellschaft schaffen wollte, sondern sicherer Hafen für verfolgte Juden. »Es gibt keine Sicherheit dafür, dass der Holocaust sich nicht anderswo wieder ereignen wird«, sagte

Hausner vor Gericht. »Deswegen müssen wir dieses Land […] schätzen und beschützen, es ist unsere letzte Zuflucht.«

Die Fähigkeit, wieder zu lachen, schöpft Bach aus dem Stolz auf seinen Staat: »Als die israelischen Richter zu Beginn des Prozesses den Saal betraten, mit dem Staatswappen hinter sich, und Eichmann, dessen einziges Bestreben es gewesen war, unser Volk zu vernichten, aufstand und vor dem Gericht eines souveränen jüdischen Staates Haltung annahm, da wurde mir die Bedeutung der Existenz Israels klar.« Eichmann, dem willigen, ja engagierten Mittäter bei der systematischen Ermordung mehrerer Million Juden, machte der Prozess den Garaus. Er wurde am 31. Mai 1962 in Israel gehängt, seine Leiche verbrannt und die Asche über dem Mittelmeer verstreut.

Bachs Arbeit im Prozess hat Narben hinterlassen. Sein schwerstes Erlebnis traf den überarbeiteten Staatsanwalt unvorbereitet. Es ereignete sich, als Bach die Deportation und Ermordung der rund fünfhunderttausend ungarischen Juden untersuchte: »Eichmann ließ die ersten Ankömmlinge in Auschwitz zwingen, Postkarten an ihre Familien in Ungarn zu schreiben, um die Deportationen zu erleichtern«, sagt Bach. »Schöne Umgebung, tolle Ausflüge, keine schwere Arbeit, aber nicht viel Platz. Also kommt schnell!«, stand auf den Karten. »Eichmann ließ hinzufügen: ›Bringt gute Schuhe mit für die Ausflüge‹, um das Schuhwerk der Wehrmacht zu übergeben. Er hat sich im Verhör mit dieser glorreichen Idee sogar gebrüstet!« Bach suchte nach Zeugen, um der Öffentlichkeit eine originale Eichmann-Postkarte zu präsentieren. Eines Tages erschien ein ungarischer Jude mit einer solchen Postkarte in Bachs Büro. »Ich sagte ihm, er solle am nächsten Tag in den Zeugenstand, hatte aber keine Zeit, seine Aussage mit ihm vorzubereiten.« Am folgenden Tag erzählte der Zeuge von der Selektion in Auschwitz. Er kam zu den Überlebenden nach rechts, seine Frau, Tochter und Sohn wurden nach links zu den Gaskammern geschickt. »Dann erzählte er auf einmal von einem roten Mantel, den seine Tochter damals trug. Seine Frau war in der Menge verschwunden. Er konnte aber noch den roten Punkt sehen, der sich immer mehr entfernte. So, wie der rote Punkt verschwand, verschwand seine gesamte Familie.« Bach war es in diesem Augenblick, als hätte man ihm den Boden unter den Füßen weggezogen: »Ich hatte meiner kleinen Tochter zwei Wochen vorher einen roten Mantel gekauft. Als der Zeuge das sagte und ich es zum ersten Mal hörte, da verschlug es mir die Stimme, ich konnte keinen Ton herausbekommen. Der Zeuge erholte sich und wartete auf die nächste Frage, aber ich brauchte einige Minuten, bis ich weitermachen konnte.« Bis heute jagen Kinder mit roten Mänteln Bachs Puls in die Höhe.

Vom Kaffee zum Krieg in einer Stunde

Wehrdienst gehört immer noch für die meisten Israelis zum Alltag. Der Kampfpilot Assaf hat in der Uniform ein Alter Ego

Seinen Alltag in Tel Aviv bestreitet Ingenieur Assaf mit geschäftlichen Sitzungen oder in Beratungsgesprächen mit seinen Kunden in einem der zahlreichen Kaffeehäuser dieser brummenden Mittelmeermetropole. Doch alle paar Tage läutet sein Handy mit der Titelmusik von »Mission Impossible«. Dann lässt der Dreißigjährige alles liegen und rast zu seinem Geschwader in der israelischen Luftwaffe. Als an der Grenze zwischen Israel und dem Gazastreifen noch heißer Krieg und kein wackeliger Waffenstillstand herrschte, wurde der kleine, drahtige Hightech-Berater innerhalb einer Stunde vom Berater zum Kampfpiloten, der in seinem Kampfhubschrauber über dem Gazastreifen schwebte und Terroristen jagte. Assaf ist einer von einigen Hundert Reservisten, die die Speerspitze in Israels Kampf gegen den Terror bilden. Er nahm an der Umsetzung Israels umstrittener Politik gezielter Tötungen teil. In den Augen der Palästinenser ist er ein kaltblütiger Mörder, in den Augen der Israelis ein selbstloser Held ihres täglichen Überlebenskampfs.

Wie viele seiner Kollegen in den Eliteeinheiten der Armee brachte Assaf eine gehörige Portion Idealismus dazu, Kampfpilot zu werden und jedes Jahr rund hundert Tage Reservedienst in seinem Cobra-Helikopter zu leisten: »Alle Israelis können nur davon sprechen, wie schwer die Lage in der Stadt Sderot ist, die täglich von palästinensischen Raketen beschossen wird. Ich kann wirklich etwas tun«, sagt er stolz und lehnt sich gelassen auf dem Stuhl in seiner Kammer im Luftwaffenstützpunkt nur wenige Minuten südlich von Tel Aviv zurück. Hunderte Einsätze hat der Liebhaber ausländischer Kinofilme in den letzten zehn Jahren schon geflogen. Oft hat er dabei auf den Auslöser gedrückt und mutmaßliche Terroristen getötet. Doch im Gespräch hebt er immer wieder den moralischen Aspekt seiner Arbeit hervor: »Wir sind keine Cowboys«, betont Assaf. »Keiner schießt wild um sich. Wenn auch nur die kleinste Gefahr besteht, dass wir Unbeteiligte treffen könnten, brechen wir unseren Einsatz ab.« Zwar kommen bei gezielten Tötungen immer noch Zivilisten ums Leben, doch laut eigenen Angaben hat das israelische Militär dabei einen hohen Grad von Professionalität erreicht. Nur einer von zehn Einsätzen wird bis zum Ende durchgeführt. War vor zehn Jahren noch jedes elfte Opfer der Einsätze ein beschönigend als »Kollateralschaden« bezeichnetes Zivilopfer, war 2007 »nur« noch jeder neununddreißigste Tote ein »unbeteiligter Zuschauer«, sagt die Armee.

Assaf fühlt sich von der Welt missverstanden: »Im Gegensatz dazu, wie wir im Ausland immer wieder porträtiert werden, sind wir nicht auf blinde Rache aus. Wir wollen niemanden bestrafen, sondern künftige Attentate verhindern.« Der kampferfahrene Major hat keine Zweifel an der Effektivität seiner Arbeit: »Dabei müssen wir oft nicht einmal jemanden töten, um Wirkung zu haben. Oft schießen wir einfach auf leere Felder, um die Kommandos der Hamas davon abzuhalten, sich dort zu verstecken und Raketen auf Sderot zu feuern.« Assaf berichtet von einem Einsatz, in dem er in der Umgebung von Nablus im Westjordanland kreiste, um eine Autobombe zu suchen, die Terroristen nach Tel Aviv schmuggeln wollten: »Ich erhielt später einen Anruf vom Geheimdienst. Sie sagten mir, dass der Wagen schon unterwegs war und wieder umgekehrt sei, als er meinen Helikopter hörte.« Wenn Assaf von einer erfolgreichen Mission zurückkehrt, ist er nicht stolz darauf, einen Terroristen getötet zu haben: »Ich versuche nur zu sehen, dass ich Zivilisten hier in Israel das Leben gerettet habe.« Über den toten Terroristen will Assaf nicht nachdenken: »Ich erhalte nur Zielkoordinaten. Meist weiß ich nicht, wer er ist oder was er getan hat. Das erfahre ich erst am Abend aus den Nachrichten. Ich ziehe es vor, dem Angriffsziel keine menschliche Gestalt zu verleihen.«

Der Zweitberuf des Ingenieurs wird immer gefährlicher. Ständig rüstet die Hamas im Gazastreifen auf, selbst ein einfacher Pistolenschuss könnte das Plexiglas seiner Kanzel durchdringen und Assaf töten. »Während der Einsätze denkt man nicht darüber nach, da ist die Mission alles. Aber wenn man nachher gelandet ist, kommt man manchmal schon darüber ins Grübeln, wie nah man dem Tod gekommen ist.« Um den immensen Anforderungen gerecht zu werden, erzieht die Luftwaffe ihre Besatzungen, die als Elite der israelischen Armee gelten, zu Eigenständigkeit. Der Major ist voller Selbstbewusstsein, was den zwei jungen Soldatinnen des Zensors, die jedem Interview mit Soldaten beiwohnen müssen, sichtlich imponiert. Schmachtend hängen sie an Assafs Lippen, während der von seinen Einsätzen erzählt: »Wir sind keine Roboter, die einfach nur Befehle ausführen. Während eines Einsatzes hat jeder Pilot dieselbe Entscheidungsmacht wie der Luftwaffenkommandant«, so Assaf. Er ist über die Aussagen mancher Politiker erbost, die als Vergeltung für den anhaltenden Beschuss israelischer Städte fordern, palästinensische Städte dem Erdboden gleichzumachen: »Ich führe nur zielgenaue Einsätze aus, die Männer zur Strecke bringen sollen, die sonst großen Schaden anrichten könnten. Eine kollektive Bestrafung von Unbeteiligten führe ich nicht aus, sondern mache von meinem Vetorecht Gebrauch.« Deswegen ist Assaf über die Kampftaktiken seiner Gegner von der Hamas und Hisbollah erzürnt: »Die schießen immer aus dicht bewohnten Gebieten. Ich kann keine Soldaten schätzen, deren Strategie es ist, sich hinter Kindern und Frauen zu verstecken, und die immer wieder ihre eigene Zivilbevölkerung als Schutzschild missbrauchen.«

Der Kampf gegen die Palästinenser ist für ihn dabei ein notwendiges Übel: »Ich bin kein Killer. Ich erhalte eine Aufgabe, die ich ausführen muss. Aber Dinge, die mir unmoralisch erscheinen, werde ich niemals tun.« Er träumt nicht von Kampfeinsätzen, die er mit kalter Professionalität ausführt, sondern von dem Tag, an dem er nur noch Übungsflüge durchführen darf. »Nichts kann den Adrenalinstoß ersetzen, wenn man mit hundert Stundenkilometern vier Meter über dem Boden durch eine Gebirgsschlucht fliegt«, sagt Assaf, und seine Augen funkeln frech. »Der Cobra-Helikopter ist wie ein großer Geländewagen, bei dem man die Unebenheiten des Bodens nicht mehr spürt.« Das riskante Leben des Reservisten ist dabei das Alter Ego des risikoscheuen Zivilisten: »Auf der Straße überschreite ich die Geschwindigkeit nie.« Sein Motorrad hat der eingeschworene Nichtraucher längst gegen einen soliden Familienwagen eingetauscht: »Das war mir einfach zu gefährlich.«

Israelisches Roulette

Wer Israel aus Angst vor Krieg oder Terror meidet, der sollte mal versuchen, hier einen Zebrastreifen zu überqueren

Viele meinen, Israel sei aufgrund der Kriege mit den Palästinensern oder den umliegenden arabischen Staaten ein gefährlicher Ort. Manche Touristen fürchten sich anfangs vor Attentaten oder dem Ausbruch eines Nahostkriegs. Andere beklemmt der Anblick der Soldaten, die bei ihrem Fronturlaub ihre Gewehre mit nach Hause bringen und bewaffnet durch die Straßen laufen. Völliger Unsinn. Seit der ersten zionistischen Einwanderungswelle 1882 sind im Kampf zwischen Zionisten und Arabern weniger Menschen durch Krieg, Terror und in Geheimdienstoperationen ums Leben gekommen, als in den rund sechzig Jahren seit der Staatsgründung auf Israels Straßen verunglückten. Wer wirklich den Tod fürchtet, der ist in Israels Panzern besser aufgehoben als hinterm Lenkrad. Und nirgends wird der wahre Existenzkampf der Israelis härter ausgetragen als auf den weißen Linien auf dem Asphalt, die unwissende Ausländer lediglich als Zebrastreifen ausmachen würden. Israelis wissen jedoch genau, worum es sich bei den schwarz-weiß gekennzeichneten Flecken auf der Straße handelt: Sie sind das letzte Naturschutzgebiet männlichen Machotums, der Ort, an dem Autofahrer und Fußgänger sich der ultimativen Kraft- und Mutprobe stellen.

Auf der Straße verwandelt sich der Israeli zum eingesperrten Raubtier. Durchgezogene weiße Linien werden zu Zoogittern, die es zu durchbrechen gilt. Die rechte Fahrspur wird zum Reservat für lahme, zahme Pflanzenfresser, die man tunlichst meidet, während man auf der linken Spur hupend, nötigend und blinkend seine Todesverachtung unter Beweis stellt. Überholte Autofahrer sind Jagdtrophäen, die man bei Tempo hundertzwanzig mit einem herablassenden Blick zur Seite begutachtet. »War es nur eine alte Frau am Steuer, oder habe ich ein Alphamännchen oder -weibchen überholt?«, scheint man sich zu fragen. Der Befund einer Untersuchungskommission, menschliches Versagen sei die Hauptursache für Unfälle in Israel, erscheint mir lächerlich. Tierisches Versagen würde den Nagel eher auf den Kopf treffen.

In Israel ist jede Straßenüberquerung ein Wagnis, nennen wir es einfach »israelisches Roulette«. Langsam nähere ich mich dem Straßenrand und nehme mit dem sich nähernden Autofahrer Blickkontakt auf. Er hat jetzt drei Möglichkeiten: Er kann mich wahrnehmen und verlangsamen, um mich hinüberzulassen. Höchst unwahrscheinlich. Er kann mich ignorieren und so seine Absicht bekunden, für jemanden wie mich nicht bremsen zu wollen. Doch am häufigsten wird er einen ungläubig anstarren und sein Tempo erhöhen, frei nach dem herausfordernden Motto: »Na dann wollen wir doch mal sehen!« Das Spiel ist eröffnet. Ich antworte, indem ich meinerseits Entschlossenheit demonstriere, todesmutig meinen ersten Schritt auf die Straße wage und den Blick von ihm abwende. Ich lege mein Schicksal, und das seines Führerscheins, in seinen Bleifuß. Schließlich will ich hinüber, und vor solchem Gesindel werde ich auf mein Fußgängerprivileg nicht verzichten. Viele geben jetzt klein bei und bremsen, doch manche erhöhen noch mal den Einsatz und beginnen, wild zu hupen. Dies ist der Augenblick, um zum Märtyrer all der Opas und Omas zu werden, die eingeschüchtert teure Minuten ihres Lebensabends an israelischen Zebrastreifen vergeuden und darauf warten, dass jemand sie über die Straße lässt. Ich gehe in die Mitte der Straße und hoffe, dass der Fahrer keine Dellen riskieren mag. Außerdem sind Waschstraßen teuer. Rien ne va plus.

Er bremst mit quietschenden Reifen und verflucht mehrere Generationen meiner Vorfahren, vor allem mütterlicherseits. Ich bin jedoch zufrieden, immerhin habe ich ihn zum Stehen gebracht. Daheim komme ich mit sinkendem Adrenalinspiegel und zitternden Knien wieder zu Sinnen. Aber insgeheim freue ich mich: Vielleicht bringe ich morgen früh auf dem Weg zum Supermarkt wieder einen Unverbesserlichen mit schierer Willenskraft zum Stehen?

Jeden Freitag zur Demo

An gleich mehreren Orten im israelisch besetzten Westjordanland gibt es jedes Wochenende eine Demonstration

Im Wagen beginnt Roi Wagner mit einem Sicherheitsbriefing. Er hat Erfahrung. Der siebenunddreißig Jahre alte Aktivist fährt seit Jahren zu den Demonstrationen in Bilin, einem palästinensischen Dorf im Westjordanland, wo jede Woche eine Kundgebung gegen die Errichtung der israelischen Sperranlagen stattfindet. Roi kann kein Arabisch, kennt nur wenige Palästinenser und hat von palästinensischer Innenpolitik keine Ahnung. Er protestiert gegen die Besatzungspolitik einer Armee, in der er einst diente. Sein Leben ist den sozial Schwachen gewidmet. Er arbeitet bei einer Hotline für Gastarbeiter und setzt sich auch für die Rechte enteigneter Palästinenser ein: »Stünde der Grenzzaun auf der grünen Linie [die 1949 die Waffenstillstandslinie zwischen Israel und Jordanien demarkierte], würde ich nicht protestieren. Aber solange Israel den Palästinensern Land stiehlt, gehe ich zur Demo«, sagt Roi. Anne S. kennt Roi von der Arbeit. Sie diente früher im Hauptquartier der Brigade, die das Westjordanland kontrolliert. Jetzt will sie wissen, wie es auf der anderen Seite aussieht. Vorn sitzt die fünfunddreißig Jahre alte Nirit Ben Ari, trotz ihrer jungen Jahre bereits Veteranin israelischer Bürgerrechtsbewegungen. Die Doktorandin der Soziologie kommt nicht mehr jede Woche zu den Demonstrationen, sondern hilft dabei, Aktionen verschiedener Organisationen zu koordinieren.

Betont gelassen unterrichtet Roi die Aktivistinnen über die Sicherheitsvorkehrungen. »Bleibt am Anfang hinten, bis ihr versteht, wer gegen wen ist«, sagt er und schiebt seinen blonden Schopf hinter die Ohren. Vier Waffen kämen bei den Demonstrationen zum Einsatz. »Als erstes Tränengas. Davon stirbt man nicht, selbst wenn es sich so anfühlt. Ihr dürft nicht laufen, weil man dann mehr davon einatmet! Prüft die Windrichtung. Geratet ihr trotzdem in eine Wolke, kniet am besten nieder. Jemand wird schon kommen und euch helfen«, sagt Roi, und die achtundzwanzig Jahre alte Sarit T., die zum ersten Mal zu einer Demonstration fährt, kichert nervös hinterm Steuer. »Die zweite Stufe sind Blendgranaten. Die machen einen Höllenlärm. Aber erinnert euch daran: Je lauter die Waffe, desto ungefährlicher ist sie«, sagt Roi. Danach kämen Gummigeschosse zum Einsatz: »Die werden nur in der Nähe des Zaunes benutzt und machen höchstens einen blauen Fleck.« Am meisten fürchten die Demonstranten das »Stinktier«, einen Apparat, der eine stinkende Flüssigkeit auf Menschen sprüht. Tagelang haftet der Gestank, der gleichzeitig an verfaulte Leichen, Kot und halb verdautes Essen erinnert, an der Haut. »Das ist nicht gut für Beziehungen«, sagt Roi und schmunzelt. Die Frauen rümpfen ihre Nasen. Er beruhigt: »Keine Sorge, das Stinktier kommt nur bei Großdemos zum Einsatz.«

Der Wagen verlässt die Autobahn und biegt ab Richtung Westjordanland. Schließlich erreicht er einen Checkpoint der Armee. »Denkt daran: Falls sie uns fragen, fahren wir zu einer Familienfeier in einer Siedlung«, mahnt Roi. Jede Woche dieselbe Finte, um von Soldaten durchgelassen zu werden. Schon oft wurden Demonstranten auf dem Weg ins Westjordanland festgehalten. Die Armee sieht Israelis nur ungern unter den Demonstranten, sie engen ihren Handlungsspielraum ein. Neuerdings versucht auch der Geheimdienst, die allwöchentlichen Demonstrationen in Bilin unter Kontrolle zu bringen. Jetzt werden immer mehr Aktivisten an Checkpoints aufgehalten, eine Liste mit Autokennzeichen soll an Soldaten verteilt worden sein. Diesmal werden die vier Aktivisten aber durchgelassen. »Glück gehabt«, sagt Nirit. Kurz hinter dem Checkpoint macht der Wagen eine scharfe Rechtskurve und holpert eine löcherige Landstraße entlang nach Bilin. Die vier Israelis halten hinter der Moschee und steigen aus.

Bilin ist ein typisches kleines palästinensisches Dorf unweit von Ramallah. Drei kurvenreiche, verwinkelte Straßen, ein paar kleine Tante-Emma-Läden, die meisten Bewohner leben von der Landwirtschaft. Ein Bewohner, Bassem Abu Rahma, hat hier traurige Berühmtheit erlangt. Die Poster mit seinem Antlitz sind überall zu sehen. Ganz so harmlos, wie Roi die Proteste darstellt, sind sie nicht. Die Waffen, die die Armee einsetzt, können tödlich sein. Seit 2004 bis Anfang 2010 kamen neunzehn Demonstranten ums Leben. Abu Rahma wurde 2009 von einem Tränengaskanister in die Brust getroffen und war auf der Stelle tot. Erst vor einer Woche traf ein anderer Behälter mit Tränengas einen israelischen Demonstranten am Kopf. Er befindet sich mit Schädelbruch und Gehirnerschütterung im Krankenhaus. Roi warnt die Frauen vor einer weiteren Gefahr: »Manchmal machen arabische Männer ausländische Frauen an, weil die hier als Freiwild gelten. Haltet euch nirgends allein auf.« Skandalöse Berichte von solidarischen Frauen, die von arabischen Männern belästigt werden, schaden dem positiven Image der Proteste und werden von Aktivisten wie Palästinensern lieber vertuscht.

Israelische und internationale Anarchisten und Gegner der Besatzung treffen sich im Vorhof von Abdallah Abu Rahma, einem der Erfinder der wöchentlichen Proteste. Lange diente sein Haus als Herberge für Aktivisten aus aller Welt. Jetzt sitzt er seit Monaten in administrativer Haft. Er hatte die leeren Tränengaskanister hinter dem Zaun gesammelt und daheim ausgestellt. Die Armee warf ihm daraufhin illegalen Waffenbesitz vor. »Ich bin gegen Grenzen und Zäune, egal wo«, sagt der Rentner Ilan Schalif aus Tel Aviv, der im Vorhof darauf wartet, dass die Demo beginnt. Jeden Freitag kommt er zuerst nach Bilin und zieht nachmittags nach Ostjerusalem, wo er weiter gegen die israelische Siedlungspolitik demonstriert. Er wird von Tamar Selby begleitet, einer sechzig Jahre alten Israelin aus Tel Aviv. Selbst unter den Besatzungsgegnern ist Selbys Meinung umstritten: »Die Besatzung ist wie Vergewaltigung. Die Palästinenser haben das Recht, alles dagegen zu unternehmen.« Das beinhalte, laut Selby, auch Selbstmordattentate gegen israelische Frauen, Kinder und Jugendliche: »Schließlich werden die ja eines Tages Soldaten, also sind sie legitime Ziele.«

Uri Ben Schlomo widerspricht. Der siebenunddreißig Jahre alte Schmied ist jede Woche zur Demo in Bilin, leistet aber trotzdem seinen Reservedienst bei den Fallschirmjägern ab. »Ich will eines Tages in Frieden leben. Dafür müssen wir den Palästinensern zeigen, dass wir sie und ihre Rechte respektieren. Gleichzeitig müssen wir uns aber auch vor den Extremisten auf der anderen Seite verteidigen«, sagt Uri. Ihn treibt eine Mischung aus Ideologie und Abenteuerlust. Bei der Demo gegen den Grenzzaun ist er ganz vorn mit dabei, wie im Krieg gegen die Hisbollah im Libanon im Jahr 2006.

Inzwischen hat die Demonstration begonnen. Israelis und Palästinenser marschieren Seite an Seite durch die Felder zum Zaun, wo eine Handvoll Soldaten sie erwartet. Roi bleibt mit seinem roten Erste-Hilfe-Rucksack hinten, zwei israelische Studentinnen laufen mit palästinensischen Jugendlichen ganz nach vorn. Kurze Zeit später löst die Armee die Demonstration mit Tränengas auf. Langsam zieht sich die hustende, tränende Menschenmenge zurück. Als der Großteil der Demonstranten die Dorfgrenze erreicht, fallen mehrere Kanister Tränengas in die Menge der Rentner, Studenten, Großmütter und Aktivisten. Ein Geruch von Schießpulver macht sich breit, die Augen beginnen zu jucken. Kurz danach brennt der Rachen, als hätte man eine Überdosis

Pfeffer verschluckt: Die Menschen prusten und spucken. Ihre Augen tränen, die Nase läuft, bei den Unerfahrenen bricht Panikstimmung aus. Kaum einer erinnert sich noch an Rois Ratschlag, viele beginnen zu rennen.

Im Dorfkern stellt sich heraus, dass zwei israelische Studentinnen von Soldaten verhaftet wurden. Ihre Freundin ist in Panik, Roi beruhigt. Nicht selten gehen die Soldaten, die vorher Hagel von Steinen über sich ergehen lassen mussten, ruppig mit den Inhaftierten um und halten sie stundenlang fest. »Unsere Anwälte werden sich um euch kümmern. Keine Panik, die haben bereits viel Erfahrung damit«, sagt Roi. Gemeinsam raucht man eine Zigarette und atmet die Reste von Tränengas aus, dann spaltet sich die Gruppe auf: Die Hälfte der Aktivisten fährt zur nächsten Demo in Jerusalem oder andernorts, die Übrigen fahren zurück nach Tel Aviv. Sie wollen sich ausruhen, bevor es abends in die Disko geht. Nächste Woche sieht man sich wieder, auf der Demo.

Sommer in Israel

Israels heißeste Jahreszeit ist besonders für europäische Besucher gewöhnungsbedürftig

Man merkt es direkt nach der Landung. Auf dem Weg ins klimatisierte Flughafengebäude muss jeder diese »Wetterklagemauer« durchbrechen, eine massive Front stehender, heißer, feuchter Luft in der Fluggastbrücke. Der Pfad zum kühlen Paradies im Terminal führt durch das Klima eines überladenen Wäschetrockners. Beim ersten Besuch in Israel bleibt Bewohnern gemäßigter Breitengrade anfangs die Luft weg. Selbst leichte Kleidung haftet an der Haut, die sich umgehend mit einer ebenso dünnen wie klebrigen Schweißschicht bedeckt, und gibt nach kurzer Zeit mit großen Flecken die Position aller intakten Schweißdrüsen preis.

Der Sommer ist Israels schwerste Jahreszeit. Dabei bietet er gegenüber seiner europäischen Variante hauptsächlich einen Vorteil: Von Mai bis Oktober kann man sich darauf verlassen, dass es nicht regnen wird. Wer in Deutschland wünscht sich nicht so eine halbjährige Blauerhimmelgarantie? Der Sommer hat jedoch auch einen Nachteil: Von Mai bis Oktober kann man sich darauf verlassen, dass es nicht regnen wird. Außer in klimatisierten Häusern oder Einkaufszentren gewährt die Hitze keine Pause. Als naturverbundener Mensch muss man machtlos mitansehen, wie sich die mit bunten Blumen bespickten, wie von Claude Monet gemalten grünen Hügel in karge Wüsten verwandeln. Plätschernde Bergbäche vertrocknen zu staubigen Bachbetten, grüne Wiesen werden zu braunen Stachellandschaften.

Nur an einem Ort herrscht zu jeder Tageszeit eine erfrischende Brise, nämlich an den pudrigweißen Sandstränden der viel zu kurzen Mittelmeerküste. Zieht man nämlich die zahlreichen militärischen Einrichtungen, Naturschutzgebiete oder Refugien der Superreichen ab, verfügt Israel über etwa einen Zentimeter Strand pro Einwohner. Im Sommer drängen sich deshalb Tausende an den Stränden, um vor der unerbittlichen Sommerhitze und -feuchte Zuflucht zu suchen. Wer hier sein Handtuch auf der Suche nach Stille und Romantik ausbreitet, liegt oft falsch. Ruhe und Ausgeglichenheit sind vor Ort eher unbekannte Konzepte, und so gehört *Matkot* zu Israels beliebtesten Strandritualen. Bei diesem Spiel stehen sich zwei Menschen im seichten Wasser gegenüber und schlagen mit Holzschlägern einen Gummiball hin und her. Die Entfernung zwischen den Spielern kann bis zu zwanzig Meter betragen, was einen kraftvollen Schlag notwendig macht, damit der geschossähnliche Gummiball den Abstand überbrückt.

Ein Aspekt dieses Spiels ist hochsympathisch: Es hat keine Regeln, und folglich ist jeder, der mitmacht, Sieger. Verloren haben nur die, die nicht mitspielen und sich, mangels eigener Holzschläger, der Gummigeschosse nicht erwehren können. Schon von

Weitem hört man das charakteristische Klopfen, das nur unterbrochen wird, wenn einer der Spieler einem Ball hinterherlaufen muss oder wenn ein naiver Badegast einen Schmerzensschrei ausstößt, weil er auf dem Weg ins oder vom Meer von einem Ball getroffen wurde. Natürlich entschuldigen sich die Spieler nicht, sondern bringen ihren Ärger darüber zum Ausdruck, dass ihr Spielfluss unterbrochen wurde. Wie egoistisch, durch ihren improvisierten Truppenübungsplatz zu schlendern, nur um Erfrischung im kühlen Nass zu suchen!

Wenn die Dämmerung eintritt und es für *Matkot* zu dunkel wird, kann man sich mit dem israelischen Sommer wieder versöhnen. Man lässt eine süße Wassermelone im Mund zergehen, die Brise frischt auf und die Sonne taucht als roter Feuerball ins blaue Meer ein. Spätestens dann weiß man, dass auch der Sommer in Israel schön sein kann.

Trommeln, Tanz und Toleranz

Tel Aviv ist die Vergnügungsmetropole und kulturelle Spielwiese Israels

Nichts fängt das Wesen Tel Avivs wohl besser ein als ein Besuch auf einem vor Schmutz starrenden Wellenbrecher an der Grenze zwischen Tel Avivs gutbürgerlichem Norden und dem trendigen Jaffa im Süden der Stadt. Jeden Freitag spiegelt sich ausgerechnet an diesem Ort, an dem die frische Meeresbrise nicht den Gestank von Urin und Bier verdrängen kann, die eigentliche Schönheit dieser Stadt wider. Keine festen Regeln ordnen eine urbane Tradition, die anderswo ihresgleichen sucht. Schon der Zeitpunkt des Ereignisses gibt den anarchischen Charakter der Zusammenkunft preis: Niemand schickt Einladungen aus, keiner sagt, wann man sich trifft. Menschen spüren es einfach. Es hängt zum Beispiel vom Wetter ab: Je heißer und länger der Tag, desto später trifft man sich. Im Winter beginnt das allwöchentliche Ritual bereits in den Mittagsstunden. Im Sommer kann man das rhythmische Klopfen des Wellenbrechers erst gegen Abend vernehmen, wenn die Brise Kühlung bringt, die gleißende Sonne einen versöhnlichen Rotton annimmt und die Menschen sich wieder aus ihren klimatisierten Wohnungen trauen.

Ungezwungen strömen Männer, Frauen und

Jugendliche zum »Trommelstrand«, wie er inzwischen heißt, jeder mit seinem Instrument. Die Ersten setzen sich nebeneinander und trommeln los. Ein sich ständig wandelnder Rhythmus übertönt bald das Tosen der Wellen. Die Musik wird bis in die frühen Morgenstunden für keine Minute Pause machen. Andere gesellen sich hinzu. Auf einer Seite gibt ein Mann mit seiner Flöte den afrikanischen Klängen einen arabischen Anstrich, gegenüber trällert ein junger Mann mit Sonnenbrille auf seinem Dudelsack. Hunderte versammeln sich hier in den Stunden, die in Israel das Wochenende einleiten.

Alles begann vor elf Jahren ganz bescheiden als ein »Treff junger Menschen, die aus Indien heimkehrten und sich im modernen, materialistischen Israel nicht fanden«, sagt Paul, ein zum Aussteiger mutierter zweiundsechzigjähriger Informatiklehrer und Begründer der Lokaltradition. Paul findet sich jede Woche hier ein, einzig mit seiner Flöte bewehrt und in viel zu weite, seit Langem nicht mehr gewaschene Hemden gehüllt. Ekstatisch wiegt er im Rhythmus hin und her und wird Teil des wohl demokratischsten Orchesters der Welt. Jeder trommelt nach seiner Fasson, ununterbrochen tauchen wie von Geisterhand neue Rhythmen auf, die die Gruppe übernimmt, ohne in Kakofonie zu verfallen. Pauls Privatinitiative ist zu einer Institution geworden. Alle Farben Tel Avivs treffen hier aufeinander: Aussteiger und Spießer, Rentner und Kleinkind, sogar ein paar Religiöse, die auf dem Weg zur Synagoge für wenige Augenblicke anhalten, während sich nahe der Brandung Pärchen liebkosen. Der Takt schwankt zwischen den bierbäuchigen Israelis und einer Gruppe afrikanischer Gastarbeiter hin und her, die nebenan einen alternativen Trommelring eröffnet haben. In ihrer Mitte geben sich israelische Mädchen im Bikini dem bacchantischen Reigen hin.

»Parpar«, der Schmetterling, nach einer großen grünen Tätowierung auf seinem Rücken benannt, gehört bereits zum Inventar. Barfuß und barbrüstig hüpft die fröhliche dreiundfünfzigjährige israelische Version eines Clochards durch die Menge, ohne dabei die fast leere Singleton-Whisky-Flasche aus der Hand zu lassen. Unbeschwert tanzt neben ihm der vierjährige Eden, den seine Mutter, die Rechtsanwältin Sigal, zum ersten Mal hergebracht hat. »Ist doch herrlich, man kann hier den ganzen Stress der Woche vergessen«, sagt sie. Auch Christine Tews, eine sechsundzwanzigjährige Übersetzerin aus Düsseldorf, ist von ihrem ersten Besuch am Trommelstrand begeistert. Entspannt zieht sie an einer Wasserpfeife mit Kaffeebohnen, während Hunde um sie herum im feinen weißen Sand tollen: »Die Menschen in Tel Aviv sind so lebensfroh und aufgeschlossen. Ich finde es hier überraschend karibisch.« Sie muss es wissen, schließlich ist sie Expertin für interkulturelle Kommunikation in Südamerika.

Am Trommelstrand begreift man die Essenz von Tel Aviv: Rechtsanwälte und Drogenkonsumenten, Mütter, Rentner und Penner, Homosexuelle und Religiöse musizieren, tanzen und freuen sich ausgelassen miteinander. Toleranz als vorgelebtes Motto. Mit Sonnenuntergang packen die Drachensurfer, die den ganzen Tag lang über die Wellen schossen, ihre Bretter ein, viele gehen vom Strand direkt nach Hause zum Abendbrot. Jetzt beginnt die Glanzstunde der Feuerjongleure: Oben auf dem Wellenbrecher wirbeln unzählige Hände über zig Trommeln, unten am Strand sausen fackelnde Pois durch die Luft. Die zischenden Feuerbälle passen nicht so ganz zum braven Eindruck von Schira, einer neunundzwanzigjährigen Blondine aus Australien, passen. Sie hat sich nach mehreren Besuchen entschlossen, nach Israel zu ziehen: »Menschen hier leben mit einer unvergleichlichen Inbrunst«, erklärt sie ihre Entscheidung, die sie selbst nicht als gewagt empfindet.

Der siebenunddreißigjährige Immobilienverwalter Juda mag es auch lieber heiß: Für ihn ist der Nachmittag am Trommelstrand lediglich Auftakt der längsten Nacht der Woche. Um elf Uhr abends, wenn in deutschen Städten die Küchen in den meisten Restaurants schließen, beginnt er seinen Streifzug durch die Restaurants und Clubs von Tel Aviv. Die Auswahl ist quälend groß: Mehr als dreihundert Bars sind über die knapp fünfzig Quadratkilometer der Stadt verteilt, dazu finden gleichzeitig unzählige private Partys, Festivals in Straßen, Parks und in den Städten und Dörfern der Umgebung statt. Für jeden Geschmack ist gesorgt: vom Volkstanz im Weinkeller, dem irischen Pub mit Livemusik, über den Jazzclub oder weltbekannte Homosexuellentreffs bis zum Dungeon, dem bizarrsten Ort der Stadt, wo Liebhaber des Sadomasochismus auf Sonderpartys, die Themen wie »Nutten und Brummifahrer« oder »Beschneidungen live« haben, ihre

Fantasien ungehemmt und ungestört ausleben können.

Wer allerdings zur wirklichen Szene gehört, der geht nicht auf die öffentlichen Partys in den bekannten Clubs, an denen man vor dem Eingang mit den Massen in Berührung kommt und die Türsteher erniedrigende Selektion betreiben. Die kulturelle Oberschicht trifft sich an geheimen Adressen, die sich Insider zustecken und an denen man nur eingelassen wird, wenn man jemanden persönlich kennt. In einem ganz normalen Wohnhaus im ruhigen, wohlhabenden Norden Tel Avivs werden seit Jahren die begehrtesten Jamsessions der Stadt abgehalten. Das Klingelschild am Eingang verrät nichts vom Geheimnis im Keller. Die wenigen Glückseligen, die eine Einladung erheischt haben, schleichen leise die Treppen hinunter in ein Vorzimmer, in dem die Namensliste überprüft wird. Kein Laut dringt vom dröhnenden Inneren in die oberen Etagen. Hinter der schalldichten Tür und dem durchsichtigen Plastikvorhang ziehen bereits dicke, süßliche Schwaden Haschisch durch die Luft. Alt und Jung vermengen sich ungezwungen, man trägt Jeans und ausgewaschene T-Shirts. Hier eingeladen zu sein ist Status genug, da muss man sich nicht auch noch aufdonnern. Auf einer Couch sitzen ein paar der bekanntesten Popstars Israels und spielen Riffs: Locker steckt ein Joint zwischen den Saiten der Gitarre, immer wieder greifen sie zum Bier, das hier kostenlos gereicht wird. Wie am Trommelstrand schwingt die Musik hin und her – mal führt das Keyboard, dann die Gitarren, immer wieder lassen die Stars auch mal Normalsterbliche an die Instrumente, damit man gemeinsam improvisieren kann, bis draußen die Sonne wieder aufgeht oder man das Gehör verliert.

Wer nicht gut genug vernetzt ist, der muss mit den bekannten Etablissements vorliebnehmen. Die heißesten Adressen der Stadt ändern ständig ihre Namen. Zur Zeit heißt ein trendiger Pub »Landen«. Er befindet sich neben einem Privattheater im Keller eines Einkaufszentrums. Die obligatorischen Türsteher halten eine Schar kichernder, minirockbewehrter Mädchen in Schach, während die Glücklichen im Inneren in Fahrt kommen. Egal an welchem Wochentag man im Landen einkehrt, man findet selten genug Platz zum Tanzen, es sei denn man kommt zu früh, also vor Mitternacht. Israelis feiern bis zum Morgengrauen, in Tel Aviv geht so mancher von der Bar zur Arbeit. Andere marschieren von der Disko zum ausgiebigen Frühstück oder den berüchtigten After-Partys, die erst am nächsten Mittag enden. Angst vor Attentaten erscheint den Menschen in der dröhnenden Bar außerweltlich: »Darüber denke ich überhaupt nicht nach, das war doch früher«, sagt Maria Rusena, eine achtundzwanzigjährige Schönheit, die versucht, ihr Cocktailglas vor der an ihr vorbeiströmenden Menge in Sicherheit zu bringen. Ofer ist ein siebenunddreißigjähriger Offizier, den es dreimal in der Woche ins Nachtleben von Tel Aviv zieht. Er sieht die größte Gefahr in den israelischen Frauen, die sich ihre Drinks von ihm bezahlen lassen. Das kann ihn teuer zu stehen kommen, schließlich ist Israel seit der Einwanderung russischer Juden zu einem Weltspitzenverbraucher von Wodka geworden. Das freut den Schmetterling vom Trommelstrand sehr: Schließlich bestreitet er seinen Lebensunterhalt mit dem Pfand von leeren Flaschen. Von denen gibt es in und neben den Mülleimern Tel Avivs jeden Morgen mehr als genug.

Heiße Miezen

Straßenkatzen gehören zum Stadtbild jedes israelischen Wohnorts. Ihre Vorzüge erkennt man nicht immer gleich

Erst am Abend zuvor hatte ich mein Auto in einer Tel Aviver Waschstraße von einer dicken Schicht israelischen Wüstenstaubs befreit, schon zog sich am nächsten Morgen wieder eine Schlammspur über das blitzende Metall der Kühlerhaube. Unverkennbar: Sie war wieder da! Von meinen Nachbarn unaufhörlich gefüttert, ist sie auf unserem Grundstück zum Dauergast geworden. Die braun-weiß-graue Straßenkatze, die immer am Hauseingang steht und miaut, um zur nächsten Fütterung auf die erste Etage vorgelassen zu werden, hat keinen Namen. Doch trotz ihrer Anonymität ist sie inzwischen in meinem Alltag präsent: Nachts wecken mich ihre Liebhaber, die unter meinem Schlafzimmerfenster so laut und menschenähnlich um die Wette jaulen, dass man denken könnte, der Nachbar quäle einen Säugling. Die Katzen machen im Sommer nicht nur jede erholsame Nachtruhe zunichte, sondern sind auch vierbeinige Feinde meines vierrädrigen Transportmittels. Ihr einziges Ziel scheint zu sein, meine sporadischen Versuche, das Auto respektabel aussehen zu lassen, sofort zu vereiteln, indem sie nachts auf der warmen Kühlerhaube oder dem kühlen Dach Platz nehmen und ihre staubigen Pfoten sauber rubbeln.

Schätzungsweise mehr als eine Million herrenlose Katzen wandelt in den Straßen Israels und teilt die Bevölkerung in zwei Lager: diejenigen, die sie immer öfter, und jene, die sie überhaupt nicht mehr sehen wollen. Die Beziehung von Mensch und Katze wurde nicht von den Kindern meiner Nachbarin erfunden, die zweimal täglich Plastikteller vor die Haustür stellt, die sie mit Käse, Milch und Hühnerbeinen füllt. Katzen haben im Nahen Osten Tradition. Als die alten Ägypter entdeckten, dass die behänden nachtaktiven Jäger die vollen Kornspeicher der Pharaos vor eifrigen Mäusezähnen bewahrten, erklärten sie die Tiere für heilig. Katzen wurden zum Inbegriff von Schönheit und Fruchtbarkeit, nicht zuletzt, weil sie dreimal jährlich schwanger werden können. Wer einer Katze etwas zuleide tat, dem drohte die Todesstrafe.

Auch Prophet Muhammad, der Gründer des Islam, umhegte seine Lieblingskatze Muesa. Seither sind Muslime dazu angehalten, sich Katzen gegenüber gut zu benehmen. Im Gegensatz zu Hunden, die von Arabern als niederes Tier verachtet werden, können Katzen unbehelligt durch Moscheen huschen und theoretisch gar von den Tellern der Gläubigen essen. Manche muslimische Kinder nehmen sie in der Nacht sogar mit ins Bett, um sich an ihnen zu wärmen.

Christliche Europäer hingegen hassten im Mittelalter die Katzen wie die Pest, oder zumindest fast so sehr. Sie vertrieben sie aus ihren Städten, da sie als Inkarnation des Teufels galten. Dafür zahlten sie einen hohen Preis. Die Ratten vermehrten sich in Folge der Katzenvertreibung und verbreiteten den Schwarzen Tod.

Die auf meiner Straße beheimatete schizophrene Pennerin, die auf der Sitzbank vor der Synagoge mit imaginären Feinden streitet, ist offensichtlich keine mittelalterliche Christin. Fürsorglich verstreut sie unappetitliche Essensreste auf dem Bürgersteig, für alle vierbeinigen Bewohner der Umgebung, und bedroht jeden, der sich ihrer stinkenden, improvisierten Katzenfütterungsstation nähert.

Es sind genau solche Fütterungen, die die Diskussion um die allgegenwärtigen Straßenkatzen anheizen. Dank der guten Versorgungslage haben sie sich nämlich so vermehrt, dass sie zwischen Restauranttischen umherlaufen und sogar bis in Bäckereien und Krankenhäuser vordringen. Der Disput kam bis zum höchsten Gerichtshof und in Parlamentsausschüsse, wo darüber gestritten wurde, ob es rechtens ist, Rentnerinnen zu zwingen, zwei Kilometer bis zur nächsten lizenzierten Katzenfütterungsstelle zu marschieren, oder ob nicht doch jeder Katzen überall füttern dürfen sollte.

Seit 1994 ist laut einem Urteil des Verfassungsgerichts das Töten von Katzen verboten. Die Massenvergiftung der Vierbeiner, bis dahin von Städten betrieben, um der Plage Herr zu werden, erwies sich nicht nur als inhuman, sondern auch als ineffizient. Sobald die Vierbeiner aus einem Stadtteil verschwanden, wanderten Artgenossen im Nu aus den Nachbarorten ein und vermehrten sich, dank des nun größeren Nahrungsangebots, noch schneller. Stattdessen werden Straßenkatzen in Israel heute gefangen, kastriert und wieder ausgesetzt. Allein 2009 entmannte der städtische Tierarzt in Tel Aviv etwa tausendvierhundert Kater. Dies hat den Vorteil, dass sie mit potenten Artgenossen um Nahrung konkurrieren und darüber hinaus Skorpione, Ratten und Schlangen verjagen.

Das ist übrigens auch der Grund, warum ich die schmierigen Flecken auf meinem Auto weiterhin still erdulde: Ich sehe die schlafraubenden, autoverschmutzenden Pelztiere allemal lieber auf meinem Dach als eine Natter.

Auferstanden aus Ruinen

Die Zukunft des Judenstaats, so scheint es, gehört den Ultraorthodoxen, die pro Haushalt dreimal mehr Kinder haben als der Landesdurchschnitt

Nur knapp zwanzig Autominuten von den Bars Tel Avivs entfernt schien im November 2009 eine gewaltige Zeitmaschine aufgestellt worden zu sein. Mehr als neunzehntausend ultraorthodoxe Juden waren nach Netanjah geströmt, um an einer der wichtigsten Hochzeiten in der Geschichte Israels teilzunehmen. Mit ihrer altertümlichen Kleidung sahen sie aus, als entstammten sie einer anderen Epoche auf einem fernen Kontinent. Sie trugen Pelzhüte, wie sie in Russland vor zweihundert Jahren modisch waren, der Vater des Bräutigams reiste in einer prächtigen Kutsche an, seine Berater kamen hoch zu Ross. Die Logistik für die Feiern erinnerte an die Versorgung einer modernen Armee. In den koscheren Feldküchen wurden achtzehnhundert Hühnchen, achthundert Kilo Rindfleisch und 1,2 Tonnen Karpfen verarbeitet, dreihundert Meter Brot standen bereit, um Tausende Mägen zu füllen. Willkommen in der Welt der jüdischen Ultraorthodoxen, die sich selbst »Haredim« nennen.

Wie die meisten Begriffe ihrer Welt leitet sich diese Bezeichnung von der Bibel ab, genauer gesagt von Jesajah 66:5 »Höret des HERRN Wort, die ihr euch fürchtet (hebräisch: *haredim*) vor seinem Wort«. Doch so nennen sie sich nur im Umgang mit anderen Israelis. Wenn sie unter sich sind, sprechen sie lieber Jiddisch, die Exilsprache osteuropäischer Juden, ein Gemisch aus Deutsch, Hebräisch und anderen osteuropäischen Sprachen. Auf Jiddisch nennen sie sich einfach nur *Jidn*, Juden also, oder, um sich von den schweinefleischessenden Säkularen in Tel Aviv zu unterscheiden, *ehrliche Jidn*.

Nicht nur für die Anhänger des Rabbiners Zwi Elimelech Halberstam, dem Führer der Zanser Juden, der an diesem Tag seinen Sohn verheiratete, war die Hochzeit in Netanjah ein historisches Ereignis. Für viele *ehrliche Jidn* sind die Halberstams Sinnbild der Wiedergeburt einer ganzen Kultur, die man verloren glaubte. Der Lebensweg von Rabbiner Jakutiel Jehuda Halberstam, dem Gründer der Zanser, ist in ihren Augen stellvertretend für das Schicksal des gesamten osteuropäischen Judentums, das fast vom Holocaust ausgelöscht wurde. Halberstam verlor seine Ehefrau und alle zwölf Kinder in den Gaskammern von Auschwitz. Der Witwer zog nach Israel und gründete mit den Anhängern aus Europa einen neuen Zanser Hof. Aus der kleinen Schar ist seither eine Gemeinde von mehr als tausendfünfhundert Familien geworden, eine der wichtigsten Strömungen der Haredim.

Als der Staat Israel drei Jahre nach der Schoah gegründet wurde, dachte niemand, dass die Haredim sich je von dem vernichtenden Schlag der Nazis erholen würden. Die zionistischen Pioniere, von denen viele als Jugendliche ihr religiöses Elternhaus verlassen hatten und allein nach Palästina ausgewandert waren, betrachteten die Überbleibsel der Diasporakultur mit Schuldgefühlen und Nostalgie. Die Pioniere, selbst ernannte Vertreter eines neuen Menschenschlags, waren sich sicher, dass sie fortan die kulturelle Marschrichtung des sich erneuernden »neuen jüdischen Volkes« angeben würden. Wie lang konnte die Ultraorthodoxie gegen die verlockende Überlegenheit des muskulösen, sozialistischen, selbstbewussten »neuen Israeli« schon standhalten?

Doch sie irrten sich. Wie die Zahl der Zanser ist auch die aller Haredim seit der Gründung des Staates Israel gewaltig gestiegen. »Rabbiner, Lehrer und Freunde! Diese heilige Gemeinde ist die Wiederauferstehung der toten Knochen, die im Holocaust verbrannt wurden«, schrieb die orthodoxe Zeitung *Hamahane Haharedi* schon 1988, als Tausende zu den Feiern des Belzer Rabbiners kamen. »Diese heilige Gemeinde ist eine schallende Ohrfeige im Gesicht aller Nebukadnezars: Ihr wolltet, Gott behüte, das jüdische Volk auslöschen und müsst jetzt sehen, dass es immer noch in Heiligkeit, Reinheit, Hasidismus und genauer Beachtung der Gesetze lebt wie einst.« Aus einer verschwindend kleinen Zahl von Holocaust-Überlebenden ist ein bedeutender Faktor der israelischen Politik geworden.

Dabei erkennt ein großer Teil der Haredim den Staat Israel gar nicht an. Dies liegt zum einen daran, dass Israel ein moderner Staat mit westlicher Prägung ist. »Israels Armee und Gesellschaft sichern unser Leben, aber gefährden unsere Seelen«, sagt Israel Eichler, Redakteur einer haredischen Zeitung. Das Leben der Haredim wird vom Credo des Rabbiner Moses Sofer (1762–1839) geprägt: »Alles, was neu ist, wird von der Thora verboten.« Statt Neuerungen zu suchen, wollen die Haredim ihre Traditionen erhalten und versuchen, sich vom Alltagsleben in Israel abzuschotten. Sie wohnen in getrennten Wohnvierteln, haben eigene Zeitungen, Buslinien und Internetseiten. Rabbiner gestatten nur »koschere« Handys, die weder SMS verschicken noch eine Internetverbindung herstellen können. »Bei uns Juden hat sich seit tausend Jahren nichts verändert, und nichts wird sich je verändern«, sagt Jerucham Kloisner, ein Verkäufer in einem Hutgeschäft in Mea Schearim, einer ultraorthodoxen Hochburg in Jerusalem.

Doch nicht alle meinen, dass bei den Haredim alles gleich geblieben ist. Adina Bar Schalom, die charismatische Tochter eines der wichtigsten Rabbiner Israels, spricht von einer fortschreitenden Radikalisierung ihrer Welt: »Als ich sechzehn Jahre alt war, konnte ich ein rotes Kleid anziehen, ohne Aufmerksamkeit zu erregen. Heute wäre das undenkbar«, sagt die Rabbinertochter, die inzwischen selber Großmutter ist. Die israelische Presse berichtet gern über diese eskalierende Strenge der Rabbiner. Mal ertönt ein Aufschrei über die haredischen Buslinien mit Geschlechtertrennung, mal löst das Verbot, Aufzüge am Sabbat zu benutzen, verständnisloses Kopfschütteln aus. Doch selbst unter Ultraorthodoxen führen die steten Machtkämpfe zwischen Rabbinern, die um Anhänger, Einfluss und

Geld ringen, zu Unbehagen. »Die haredische Welt atomisiert sich«, sagt Miriam Woelke, eine Expertin, die einen Blog über Haredim führt.

Die schönen Seiten der Haredim sind nur wenigen bekannt, wie zum Beispiel ihre praktizierte Nächstenliebe, die hier *Gamach* genannt wird, Akronym für *Gmilut Hassadim*. »Es gibt ein haredisches Branchentelefonbuch für Gamach«, sagt Woelke. Darin stehen Hunderte haredische Betriebe, die Armen helfen, ohne Fragen zu stellen. »Ein Haredi kann umsonst von anderen Haredim Babykleidung, neue Brillen oder sogar einen Laptop bekommen.« Große Kreise der Haredim haben diese Hilfe bitter nötig. In ihrem Haushalt leben im Durchschnitt 7,7 Kinder. Oft arbeiten die Väter nicht, sondern widmen sich, gemäß Josua 1:8, rund um die Uhr dem Studium heiliger Schriften: »Lass dieses Buch des Gesetzes nicht von deinem Munde kommen, sondern betrachte es Tag und Nacht.« Haredim stellen heute dreiundzwanzig Prozent der Erstklässler in israelischen Schulen, aber nur einen kleinen Teil der Arbeitnehmer. Viele von ihnen sind wenigstens konsequent genug, Sozialhilfe abzulehnen, weil sie den Staat Israel nicht anerkennen. Ohne *Gamach* versänken sie in bitterer Armut.

Bar Schalom steht dieser Schnorrerei kritisch gegenüber. Als Tochter des mächtigen Rabbiners Ovadia Josef, eine der einflussreichsten Figuren im Land, kann sie sich offene Kritik leisten. Aber Bar Schalom redet nicht nur. Sie hat damit begonnen, die geschlossene Welt der Haredim zu revolutionieren, selbst wenn sie vor diesem Begriff zurückschreckt: »Man kann in beiden Welten leben, ohne etwas dabei aufzugeben.« Die bescheidene Modedesignerin eröffnete 2001 eine kleine Universität für haredische Mädchen. »Ich hatte damals dreiundzwanzig Studentinnen«, sagt Bar Schalom.

Im Sommer 2009 zog das »Haredische College in Jerusalem« in einen Neubau um. Hinter einer modernen Glasfassade studieren sechshundertfünfundsiebzig Mädchen und dreihundertfünfzig Männer Psychologie, Partnerberatung, Jura, Betriebswirtschaftslehre und Sozialarbeit. Sogar Evolution gehört zum Lehrstoff. »Ich gründete diese Universität, weil die Haredim nur von Spenden leben«, sagt Bar Schalom. Das koschere College soll Abhilfe schaffen: Absolventen verdienen mit neunhundert Euro monatlich fast fünfzig Prozent mehr als der Durchschnitt der Haredim. »Ich würde mich freuen, wenn dieses College eine Annäherung zwischen Haredim und Säkularen herbeiführt«, sagt Bar Schalom. Doch selbst sie glaubt, dass Haredim und Säkulare sich immer weiter voneinander entfernen.

Das College muss besondere Auflagen erfüllen, damit haredische Mädchen herkommen dürfen. Männer und Frauen bleiben strikt getrennt, für die jungen Mütter gibt es einen eigenen Hort, in dem fünfunddreißig Kinder von acht Uhr morgens bis acht Uhr abends betreut werden. »Unsere Spitzenreiterin ist eine vierzigjährige Studentin mit zehn Kindern«, sagt Bar Schalom. Rabbiner mussten das Institut für »koscher« erklären. Noch heute befürchten viele, die weltlichen Studien würden die Frauen verderben.

Für Männer, die sich eigentlich nur mit der Bibel beschäftigen sollten, bedeutet das Studium an einer Universität gar einen sozialen Abstieg. »Heutzutage müssen sie aber helfen, ihre Familien zu ernähren«, sagt Bar Schalom und erklärt jedem, der Arbeit als profan ablehnt: »Gott ist mit den Tüchtigen.«

Von Handys und Hochmut

Israel ist immer für eine Überraschung gut. Auf Stereotype ist hier kein Verlass

»Mit wem spricht der denn da?«, fragte ich mich, als ich in Jerusalem an einem wild gestikulierenden ultraorthodoxen Juden vorbeiging. Der war in ein heftiges Selbstgespräch verwickelt. In der Heiligen Stadt gilt eine Unterredung mit Gott zwar als Ortsgespräch, deswegen sollte ein religiöser Mensch, so meinte ich, trotzdem nicht so aufgebracht und lang auf offener Straße mit seinem Schöpfer diskutieren. Vielmehr sollte er dessen Gebote stillschweigend befolgen und seiner Umwelt akustisch weniger zur Last fallen.

Erst als ich den scheinbar schizophrenen Bürgersteiggenossen schon fast passiert hatte, bot eine kleine Linksdrehung seines Kopfes eine ebenso banale wie für mich beschämende Antwort auf mein hochmütiges Selbstgespräch: Im rechten Ohr des vermeintlich im Mittelalter stecken gebliebenen Zeitgenossen steckte ein hochmoderner Bluetooth-Kopfhörer. Sein Gespräch behandelte keine abwegigen theologischen Belange, sondern den Stand der Börse.

Handys sind in Israel schon mehr als eine Plage. Die vier großen Anbieter im Land haben mehr Kunden als das Land Einwohner zählt. Demnach hat Israel eine der höchsten Verbreitungsraten von Handys der Welt, von Inselstaaten ohne nennenswertes Festnetz wie Aruba oder den Antillen einmal abgesehen. Und obwohl hundertfünfundzwanzig Prozent der israelischen Bevölkerung eines der unweigerlich in jedem Konzert bimmelnden Geräte besitzen, liegt die jährliche Wachstumsrate noch immer bei sieben Prozent. Der Trend weist deutlich in Richtung Dritthandy.

Nun kann ich verstehen, dass die Israelis als Mittelmeeranrainer das Recht haben, äußerst mitteilungsfreudig und -bedürftig zu sein. Trotzdem bleibt mir unverständlich, warum ich mir mitten in einer romantischen Kinoknutschszene einen fünfminütigen Monolog über die Hämorrhoiden meines Sitznachbarn anhören muss, den er erst nach lautem Zuruf aus einer anderen Reihe und überzeugenden Morddrohungen meinerseits beendet. Eigentlich sollte den Israelis das Handy doch gegen den Strich gehen, da ja ein Arm beim Sprechen den Hörer ans Ohr halten muss und nicht erklärend und für dramatische Effekte durch die Luft zischen darf. Wahrscheinlich wurde allein deswegen der Bluetooth-Kopfhörer erfunden.

Doch trotz meiner Aversion gegen die ständige Erreichbarkeit und das allgegenwärtige Gebimmel muss ich zugeben, dass das Handy den Israelis auch positive Veränderungen beschert hat. Es verbindet nicht nur ultraorthodoxe Juden mit der westlichen Börse, sondern auch den israelischen Macho-Mann mit seiner weiblichen Seite. Technologieverliebte israelische Männer treffen sich heutzutage in den Cafés, legen ihre Apparate auf die Tische und diskutieren erstmals darüber, wer von ihnen den Kleinsten hat.

Alltag in Jerusalem

Jerusalem ist für viele Menschen in der Welt mehr ein Symbol als eine Postanschrift

Abu Tor hat eine traumhafte Lage. Von hier kann man einen Blick auf die goldene Kuppel des Felsendoms auf dem Tempelberg genießen, oder auf die Scherover Promenade, eine der großen grünen Lungen Ostjerusalems. Angesichts dieses Ausblicks wundert man sich nicht, dass sich laut einer Legende irgendwo in diesem kleinen exklusiven Stadtteil südwestlich der Jerusalemer Altstadt einst der Hohepriester Hanania begraben ließ. Eine andere Legende sagt, tausend Jahre später habe es ihm Ahmad al-Qudsi, ein Weggefährte Saladins, nachgemacht, und den Hügel zu seiner letzten Ruhestätte bestimmt. Nur wenige Autominuten vom Zentrum entfernt, ist die Atmosphäre zwischen den engen Gassen mit den arabischen Villen in vielen Teilen rustikal. Kaum etwas erinnert heute noch daran, dass sich vor 1967 ein tödlicher Grenzstreifen mitten durch das Stadtviertel zog. Stacheldraht, Scharfschützen und Betonwände trennten den hoch gelegenen israelischen Teil im Westen und den tiefer gelegenen, von Jordanien besetzten Ostteil. Die Grenze zog sich mitten durch Abu Tor.

Im Sechstagekrieg 1967 wurde der Stadtteil, wie der Rest Jerusalems, nach zwanzig Jahren Trennung wieder unter israelischer Herrschaft vereint. Wo einst Niemandsland war, steigt heute eine Fußgängertreppe in eine baumbestandene Straße, in der Kinder sorglos spielen. Die Mauern und der Stacheldraht sind aus den Straßen verschwunden, in den Köpfen der Stadtbewohner hat sich die Trennung jedoch erhalten. Bis heute bleibt Abu Tor, wie die meisten Stadtviertel Jerusalems, entlang einer unsichtbaren Linie säuberlich in einen arabischen und einen jüdischen Teil geteilt.

Die Unterschiede sind greifbar. Wer in den jüdischen Teil kommt, wird von breiten, sauberen, baumbestandenen Straßen empfangen. Nur wenige Hundert Meter weiter, östlich jener Treppe, die einst die Grenze markierte, herrscht eine andere Welt. Wind wirbelt Müll durch die Straße. Hier hat kein Haus seine eigene Mülltonne. Stattdessen stehen am Straßenrand, wo Parkplätze bitterlich fehlen, grüne Müllcontainer, in die die Bewohner ihren Abfall von Weitem werfen. Oftmals verfehlen sie dabei die stinkende, offen stehende Klappe des Containers, sehr zur Freude unzähliger Straßenkatzen, die die Tüten zerreißen und sich an dem herumfliegenden Unrat laben. Oben leuchtet die Neonschrift eines modernen Supermarkts, der rund um die Uhr geöffnet hat, unten wirbt ein verblichenes Plakat auf Arabisch für den lokalen Tante-Emma-Laden. Oben parken nagelneue Geländewagen, manche mit Diplomatenkennzeichen, vor Villen mit grünen Vorgärten, unten rauschen aufgemotzte BMWs mit heruntergekurbelten Fenstern, durch die laute arabische Musik tönt, dicht an spielenden

Kindern vorbei. Nur selten traut sich ein Jude nach unten oder ein Araber nach oben.

Das jüdische und das arabische Abu Tor könnten fast auf unterschiedlichen Planeten liegen. Die Kinder gehen in verschiedene Schulen, lernen nach einem jeweils eigenen Lehrplan und sprechen verschiedene Sprachen. Ihre Eltern lesen verschiedene Zeitungen. Die einen sehen israelische, die anderen arabische Fernsehkanäle, in denen sich die Realität des Nahen Ostens völlig unterschiedlich darstellt. Während die Juden Polizisten als Vertreter der Staatsgewalt betrachten, die ihre Rechte und Sicherheit beschützen, sind dieselben Beamten aus arabischer Sicht Teil eines Mechanismus, der sie schikaniert und unterdrückt.

Trotzdem gibt es Berührungspunkte zwischen den parallelen Universen Abu Tors. Mitten zwischen den jüdischen Villen liegt ein Spielplatz, auf dem sich ungezwungen Kinder von »unten« und von »oben« tummeln. Beim Fußballspielen überwinden Kinder und Jugendliche hier ihre Ängste vor dem anderen. Nassim, ein einundzwanzigjähriger Kochlehrling, behauptet, hier Freundschaft mit einem israelischen Soldaten geschlossen zu haben. Nebenan sitzen jüdische neben arabischen Müttern am Spielplatz und tauschen Rezepte aus.

Jerusalem sei die einzige Stadt, in der man sich frei aussuchen könne, in welchem Jahrhundert man leben will, sagte einst der erste britische Militärgouverneur Ronald Storrs Anfang des 20. Jahrhunderts. Bis heute ziehen die verschiedenen Bevölkerungsgruppen der siebenhundertfünfzigtausend Bewohner Jerusalems es vor, sich gegenseitig zu ignorieren und in ihrer eigenen kleinen Welt zu leben, wenn sie nicht gerade darauf aus sind, sich gegenseitig zu provozieren. Ultraorthodoxe Juden lassen in ihren Stadtvierteln die ausgelöschte Welt des jüdischen Osteuropa des 19. Jahrhunderts wiederauferstehen, in arabischen Vierteln fühlt man sich Amman näher als Tel Aviv, während man in säkularen Wohnbezirken vergessen will, dass man sich in Nahost befindet. Zu Kontakt kommt es hauptsächlich in den Konfliktzonen, wenn jüdische Siedler wieder ein arabisches Haus übernehmen, wenn religiöse Juden ein unkoscheres Restaurant schließen oder eine Straße sperren lassen wollen, wenn Armenier sich mit griechisch-orthodoxen Mönchen oder Franziskanern um Vorrechte in der Grabeskirche prügeln. Militante Siedler bespucken Priester in der Altstadt, Muslime bewerfen jüdische Betende mit Steinen. Manchmal kommt es zu überraschender, wenn auch traurig stimmender Eintracht, etwa wenn Patriarchen, Rabbiner und Muftis gemeinsam gegen ein Straßenfest der homosexuellen Gemeinde agieren.

Doch der Alltag ist komplexer als das Klischee der parallelen Universen einer Stadt, die drei einander feindlichen monotheistischen Religionen heilig ist. Im Groben treffen die stereotypen Einteilungen zwar zu: Araber leben im Ostteil der Stadt, der schon rückschrittlich war, als Israel das Gebiet eroberte, und sich seither nicht weiterentwickelt hat. Hier gibt es keine öffentlichen Badeanstalten, nur wenige Bibliotheken, vielerorts fehlen noch immer

Bürgersteige und Kanalisation, von Müllabfuhr und Straßenbeleuchtung ganz zu schweigen. Israelische Krankenwagen kommen nur mit Geleitschutz her, wenn überhaupt. Die engen Gassen sind oft ein rechtsfreier Raum, in dem Armut und Frust entstehen. Für Araber ist es hier fast unmöglich, eine Baugenehmigung zu erhalten. Der Staat hat rund ein Drittel der 1967 annektierten Gebiete enteignet und seither auf dem Gebiet rund zweihunderttausend jüdische Israelis angesiedelt. Im selben Zeitraum ist kein einziger neuer arabischer Stadtteil entstanden. Die Absicht dieser stiefmütterlichen Behandlung war es, den Anteil nicht jüdischer Bewohner Jerusalems niedrig zu halten. Trotzdem hat die Anzahl der arabischen Stadtbewohner rasant zugenommen, heute machen sie in etwa fünfunddreißig Prozent der Bevölkerung aus. Resultat ist eine zunehmende Bevölkerungsdichte in Ostjerusalem, die inzwischen doppelt so hoch ist wie im jüdischen Westteil. Das hat die Mietpreise in die Höhe schnellen lassen.

Doch statt die Araber in Ostjerusalem zu vergraulen und den klaren jüdischen Charakter der Stadt buchstäblich zu zementieren, hat die israelische Politik das Gegenteil bewirkt. Tausende Araber ziehen jährlich aus dem arabischen Osten in moderne Stadtviertel im Westen oder in jüdische Stadtteile im Osten, die von den Palästinensern als »Siedlungen« bezeichnet werden. Längst ist die Stadt nicht mehr in einen jüdischen West- und einen arabischen Ostteil trennbar. Dafür sind die verschiedenen Bevölkerungsgruppen zu verwoben und verstrickt. Insgesamt sind etwa fünf Prozent der Bevölkerung in diesen »jüdischen« Siedlungen Ostjerusalems Araber. Je nach Stadtviertel ist das Zusammenleben verschieden: Auf dem French Hill, nahe der Universität, sprechen Bewohner von einem friedlichen Nebeneinander. In Pisgat Zeev, nur drei Autominuten entfernt, kommt es hingegen manchmal spontan zu gewaltsamen Zusammenstößen zwischen Arabern und Juden. Hier kann man arabische Wohnungen oft daran erkennen, dass kein Namensschild an der Haustür hängt, um die Nachbarn nicht zu reizen.

Ganz anders verhalten sich da die israelischen Siedler, die aus ideologischen Gründen Häuser tief inmitten arabischer Stadtviertel beziehen. Auf den Dächern weht herausfordernd die israelische Fahne, bewaffnete Wächter patrouillieren rund um die Uhr um die Wohnobjekte, die mit Stacheldraht und Kameras abgesichert sind. In Scheich Jarrah protestieren jeden Freitag Juden und Araber gemeinsam gegen die Präsenz der Siedler. Doch in der vertrackten Geschichte Jerusalems glauben diese, dass sie sich moralisch im Recht befinden, beziehen sie doch oft Häuser, die einst jüdischen Einwohnern gehörten, die von ihren arabischen Nachbarn vertrieben wurden.

Medienberichte konzentrieren sich gern auf die dramatischen Höhepunkte dieser einzigartigen Koexistenz, wenn die Spannungen überkochen und in Gewalt münden. Kaum ein Monat vergeht, in dem die Polizei nicht Ausschreitungen von Palästinensern auf dem Tempelberg, Zusammenstöße mit Demonstranten in einem arabischen Stadtteil, Protestmärsche von Ultraorthodoxen oder andere Massenkundgebungen vor dem Parlament fürchten muss. Doch das Leben in dieser mehr als dreitausend Jahre alten Stadt ist ein viel zu komplexes Phänomen, um es in nur wenige Worte zu fassen. Denn viel häufiger als das monatliche Gegeneinander ist ein Alltag des Nebeneinanders, in dem man sich gegenseitig ignoriert. Unbeachtet von der Presse, knospen in der umstrittenen Stadt des Friedens sogar manchmal die zarten Blüten eines kooperierenden Miteinanders. Wie auf dem Spielplatz von Abu Tor, wo arabische Verteidiger ihren jüdischen Torwart decken.

Ständig auf dem Hut

Vielen erscheinen ultraorthodoxe Juden nur als ein schwarzes Meer identisch gekleideter Personen. Im Hutgeschäft Ferster in Mea Schearim weiß man es besser

Gewöhnlich schaut der Schalk aus Abraham Fersters Augen. Doch jetzt eilt er auf einmal zu dem neuen Kunden am Tresen. »Das ist ein sehr namhafter Rabbiner«, flüstert Ferster ehrfurchtsvoll. Er wolle seinen Hut reparieren lassen, erklärt der ältere Herr. Obwohl der Rabbiner ein viel beschäftigter Mann ist, kümmert er sich lieber selbst darum. Denn was für viele Deutsche ihr Auto ist, ist den Haredim ihre Kopfbedeckung.

Selbst viele Israelis können zwischen den verschiedenen Gruppierungen der Ultraorthodoxen nicht unterscheiden und scheren die Gläubigen mit den schwarzen Kaftanen und langen Schläfenlocken meist über einen Kamm. Einem Kenner wie Abraham Ferster jedoch klingt diese Verallgemeinerung wie der Vergleich zwischen einer Limousine und einer Kutsche, die ja auch alle vier Räder und eine Sitzbank hätten. »Es liegen Welten zwischen verschiedenen Gruppen der Haredim, und jede hat ihren eigenen Hut«, sagt der neunundzwanzig Jahre alte Hutmacher. »Niemand kann sich als Haredi verkleiden, er würde sofort auffliegen«, sagt Ferster, der die Fabrik seiner Familie im orthodoxen

Stadtviertel Mea Schearim leitet. Die richtige Kombination von Hut, Strümpfen, Bartschnitt und Schläfenlocken demonstriere, zu welcher Strömung man gehört. Statussymbol und Ausdruck einer Weltanschauung zugleich, liefert eine Kopfbedeckung den Haredim mehr Information als ein biometrischer Ausweis.

Seit vier Generationen versorgen die Fersters Haredim mit Hüten. Abrahams Urgroßvater Abraham Josef Ferster begründete 1912 in Warschau die kopflastige Dynastie. Nach dem Ersten Weltkrieg musste er fliehen. Die polnischen Behörden waren auf ihrer Jagd nach einem deutschen Spion ähnlichen Namens auf den Hutmacher gestoßen und verdächtigten ihn, der gesuchte Agent zu sein. Seine Flucht führte ihn nach Wiesbaden, wo Ferster seine ersten geschäftlichen Erfolge verbuchte. Schon 1932 erkannte er die Gefahr, die von den Nazis ausging, und flüchtete mit Frau und sechs Kindern nach Jerusalem. Hier eröffnete er auf der Ben-Jehuda-Straße sein erstes Geschäft.

Bevor moderne Shoppingcenter das Einkaufsverhalten der Israelis von Grund auf änderten, galt die Ben-Jehuda-Straße als schickste Geschäftsmeile im jüdischen Westjerusalem. Doch die jahrelange Terrorkampagne der zweiten *Intifada*, nicht enden wollende Straßenarbeiten für die Straßenbahn und die Konkurrenz vollklimatisierter Konsumtempel versetzten der edlen Fußgängerzone einen schweren Schlag, von dem sie sich heute nur langsam erholt. Zwischen einem Souvenirladen und einem Taschenverkäufer hält Israel Ferster, Vertreter der zweiten Generation, in der ersten Filiale des Familienunternehmens seit Jahrzehnten die Stellung.

Die Schirmmützen und farbigen Hüte in den überfüllten Regalen verbreiten eine bittersüße Nostalgie. Einst, als Hüte noch zur Grundausstattung modischer Männer gehörten, kauften hier die wichtigsten Politiker Israels ihre Kopfbedeckung. Der erste Premier, David Ben Gurion, war ebenso Kunde wie Menachem Begin. Jetzt schaut nur noch gelegentlich Kundschaft vorbei, meist ältere Herren, die einen Sonnenschutz für ihre inzwischen haarlose Kopfhaut suchen. Sie probieren erst fünf verschiedene Schirmmützen aus und schachern dann mit dem langsam dahinschlurfenden und stets freundlich lächelnden Israel um die zehn Euro teuren Kappen.

Das Hauptquartier der Fersters liegt inzwischen in Mea Schearim, wo die Haredim an ihrer jahrhundertealten Kleiderordnung festhalten. Ein unscheinbarer Gang führt von der Hauptstraße in die größte der sieben Filialen des Familienunternehmens. Im vom kalten Neonlicht durchfluteten Ausstellungsraum im Parterre stehen die schwarzen Fedoras säuberlich gestapelt auf gewienerten Regalen. Bei Fersters heißen diese weichen Filzhüte *Kneitsch*, eines der wenigen jiddischen Wörter, die im Geschäft benutzt werden. Die Zeit in Wiesbaden hat sich in der Fachsprache niedergeschlagen, die sich frei des Deutschen bedient: Den Kranz, auf dem die Hüte stehen, nennen die israelischen Verkäufer *Untersatz*, die Hutkrempe *Rand* und einen gebogenen Hutrand *Roll*. »Das sind die Hüte der

Litauer«, sagt Israels Enkel Asbraham, der diese Filiale leitet. Die Litauer gelten als nüchterne und gebildete Haredim. Sie sind die historischen Gegner der Hassidim, Anhänger einer Bewegung aus dem Russland des 18. Jahrhunderts, die im Gegensatz zur fast akademischen Bildung der Litauer Wert auf Lebensfreude und eine mystische Verbindung zu ihren Rabbinern legen. Hassidim setzen auf Inbrunst, Litauer glauben hingegen, ein hartes Bibelstudium sei der beste Weg, um Gottes Gebote zu erfüllen. »Bei den Litauern gibt es durchaus ein Modebewusstsein«, sagt Ferster. Das weiß der gewiefte Geschäftsmann für sich zu nutzen: »Hier ändert sich die Mode. Mal ist die Krempe breiter, mal schmaler; mal der Hut höher, mal niedriger.« Da es unter Haredim keine Modemagazine gibt, sei sein Geschäft der »Trendsetter« der sich ständig erneuernden Litauer Modewelt, sagt der junge Direktor mit einem verschmitzten Lächeln.

Wenn Ferster in den Keller seines Geschäfts hinabsteigt, leuchten seine Augen auf: »Hier unten ist die Welt der Hassidim, jeder Hut ist anders.« Suchen die Litauer im Parterre nach der modischsten Neuerung, gilt den Hassidim im Keller »modisch« als Schimpfwort. Drei Dinge, so behauptet eine Auslegung der Bibel, habe Gott einst dazu bewegt, sein Volk aus der Sklaverei in Ägypten zu retten. Er habe die Juden befreit, weil sie ihre Namen, ihre Sprache und ihre Tracht bewahrt hätten. Jerucham Kloisner, der als Verkäufer im Geschäft arbeitet, ist sich deswegen absolut sicher: »Bei uns Juden hat sich seit tausend Jahren nichts verändert, und nichts wird sich je verändern.« Deswegen wollen die Hassidim, sagt Ferster, »genau den gleichen Hut wie ihr Großvater.«

Seine Angestellten müssen genau wissen, wem sie welchen Hut anbieten können. Die Hassidim teilen sich in verschiedene Höfe auf, die nach osteuropäischen Städten benannt sind, in denen sich einst die Residenz des verehrten Rabbiners und damit Gründers ihrer Strömung befand. Heute gibt es Hunderte Strömungen, manche mit einzelnen, andere mit Zehntausenden Anhängern, die sich um einen Rabbiner scharen. Sie unterscheiden sich in Bräuchen, Gebeten und in ihrer Kleidung. »Niemals würde der Hassid einer Strömung eine Frau von einem anderen hassidischen Hof heiraten«, sagt Ferster, der selber den Belser Hassidim angehört. Kleinste Unterschiede in der Krempe, am Hutband, bei Höhe oder Material geben Auskunft über die Herkunft eines Hassiden. Die militanten Anhänger von Toldot Aharon tragen den flachen »Super«. »Wir Belser und die Wischnitzer hingegen tragen den gleichen Hut, unsere Hutbandschleife ist aber links, die der Wischnitzer rechts«, sagt Ferster.

Zwischen hundertsechzig und bis zu zweihundertfünfzig Euro kann so ein Hut kosten. »Das ist nicht viel, vor allem wenn man bedenkt, dass ein Hut fünfundzwanzig Händepaare durchläuft, bevor er auf den Kopf eines Kunden gelangt«, sagt Ferster. Das Rohmaterial für den Filz, gepresste Hasen- und Kaninchenhaare, kommt vor allem aus Spanien und Osteuropa. Hinter der Theke im Keller erstreckt sich Abraham Fersters Reich. Hier leitet er die Fabrik, in der maßgeschneiderte Hüte für die reichen Haredim hergestellt und alte Hüte repariert werden. Aus einer Maschine zischt in dichten Wolken heller Dampf. Sie presst Rohlinge auf einem von Hunderten Bleiuntersätzen in die gewünschte Form. Auf Regalen stapeln sich unzählige hölzerne, handgefertigte Formen, auf denen ein Angestellter mit einem schweren, selbst gebastelten Bügeleisen Hutkrempen bügelt. Im Hintergrund näht ein tauber Holocaust-Überlebender die eigens bestellten Hutbänder an und spielt mit seiner fünfzig Jahre alten Nähmaschine eine knatternd eintönige Hintergrundmusik. Ferster zwinkert und zeigt auf die antike deutsche Nähmaschine: »Die alte Pfaff ist übrigens zweckentfremdet. Sie wurde eigentlich entwickelt, um Büstenhalter zu nähen.«

Der Augenblick, in dem ein Haredi beginnt, einen Hut zu tragen, markiert einen Wendepunkt in seinem Leben. Manche Gruppierungen gestatten die prestigeträchtige Kopfbedeckung bereits im Alter von dreizehn Jahren, wenn die Jungen Bar-Mizwa feiern, also religiös gesehen volljährig werden. In anderen Strömungen berechtigt erst die Hochzeit einen Mann dazu, einen Hut zu tragen. Im Hut spiegelt sich nicht nur Zugehörigkeit, sondern auch gesellschaftlicher Status. Vielleicht beschreibt Fersters Hutkatalog deswegen fast jedes Exemplar als »sehr ehrwürdig«. Einzig der »Brandolino« sei »besonders prachtvoll und beeindruckend, wie es sich für einen Bräutigam ziemt«, heißt es im Prospekt. Kein Hut jedoch gilt als so prestigeträchtig wie der edle »Homburg«, das Flaggschiff der Hüte, der ausschließlich hohen Gelehrten und angesehenen Rabbinern vorbehalten ist. Vorsichtig holt Ferster das matt schimmernde Glanzstück aus dem Hutkarton hervor. Nur allgemein respektierte Rabbiner wagen es, so einen Hut zu tragen. »Wenn ein junger Bursche so etwas auf der Straße aufsetzte, würden ihn alle fragen, ob Karneval ist«, sagt Ferster.

Hinter der Theke bewahrt der Verkäufer Kloisner das teuerste Stück im Geschäft auf. Man darf es nicht anfassen, Kloisner will es nicht einmal aus der Schachtel nehmen, sondern lässt Interessenten nur aus der Ferne einen Blick auf den Inhalt werfen. Fast alle Haredim tragen schwarz, nur die Weisesten, die sich mit der jüdischen Mystik Kabbala lange genug befasst haben, kleiden sich ganz in Weiß. »Die schwarzen Hüte werden gefärbt, aber einen schneeweißen Hut kann man nur aus völlig weißen Hasenhaaren machen«, sagt Kloisner, der sich Handschuhe übergezogen hat und vorsichtig den Karton öffnet. Er wird Kunden erst überreicht, nachdem sie bezahlt haben, damit das teure Stück nicht beschädigt wird.

Nicht nur dreckige Finger stellen für die Hüte eine Gefahr dar. Selbst die härtesten Qualitätshüte leiden unter den schwierigen Witterungsbedingungen Israels. Die Mittagssonne bleicht sie aus, Regen verformt sie, auf dem Schwarz ist jeder Fleck sichtbar. Da hilft auch der weit verbreitete Brauch, die teuren Stücke im Winter nur unter übergestülpten Plastiktüten zu tragen, nicht viel. Deswegen vertraut Ferster darauf, dass auch seine prominenten Kunden in Zukunft persönlich wiederkommen werden, um ihre verbeulten oder verschmutzten Kopfbedeckungen wieder in Form bringen zu lassen. Dieser Service ist allerdings kostenpflichtig: »Wir geben zwei Jahre Garantie auf unsere Produkte, aber nur unter der Bedingung, dass der Kunde den Hut nie aufsetzt und hier im Laden lässt«, sagt Kloisner mit einem breiten Schmunzeln.

Eine Revolution zergeht auf der Zunge

Seitdem Israelis Geld in den Taschen haben und regelmäßig ins Ausland fahren, haben sie auch gutes Essen ins Land geholt

Der Lebensweg von Aviv Mosche stellt selbst das Märchen von Aschenputtel in den Schatten. Der Sohn kurdischer Einwanderer wuchs in einem Armenviertel Jerusalems auf, wo die Luft in den Straßen nach Dieselabgasen, Urin und dem Müll großer grüner Sammelbehälter stinkt. Die einzigen Wohlgerüche, die Aviv in seiner Jugend kennenlernte, stiegen aus den stets gefüllten Kochtöpfen auf, in denen seine Mutter daheim duftende Köstlichkeiten zubereitete. Bereits als Kind hatte er nur ein Ziel: Er wollte Koch werden. Vor wenigen Jahren erfüllte ein reicher Diamantenhändler seinen Traum: »Ich aß in einem kleinen Lokal und wusste nach dem ersten Bissen, dass dies die leckerste Mahlzeit meines Lebens war«, sagt der reiche Gönner Avivs. Innerhalb weniger Monate entschloss er sich, dem Autodidakt aus Jerusalem, der niemals eine Kochschule besucht hatte, ein Luxusrestaurant in Tel Aviv einzurichten. »Messa« heißt der in kalter Eleganz entworfene Gourmettempel, der seit seiner Eröffnung vor wenigen Jahren zu den besten Restaurants des Landes zählt und Aviv Mosche zum Prototyp einer neuen Garde israelischer Starköche machte: jung, frech, mutig und gnadenlos begabt.

Dabei vegetierte Israel noch vor knapp dreißig Jahren in einer kulinarischen Steinzeit dahin. Israelische Kellner platzierten Messer, den Daumen stets selbstbewusst auf der hygienisch strategischen Klinge, mit mürrischem Blick auf blanken Tischen. Im Brotkorb wurde labbriges Einheitsbrot gereicht, Kaffee ähnelte faden Schlammpfützen mehr als einem aromatischen Getränk, und Wein war gegorener, gezuckerter Traubensaft, der wörtlich übersetzt »Hammerwein« hieß, wohl wegen des Kopfschmerzes, den das viel zu süße alkoholische Getränk nach seinem Genuss auslöste. »Israelis dachten, dass man nur isst, um zu überleben«, beschreibt der international angesehene Restaurantkritiker Daniel Rogov die genügsame israelische Küche der Vergangenheit. Doch in den achtziger Jahren begann eine kulinarische Revolution, die die einzige Landbrücke zwischen Asien, Europa und Afrika in ein Drehkreuz internationaler Gastronomie verwandelte. Tel Aviv mag zwar flächenmäßig nicht viel mehr als halb so groß sein wie die Stadt Fulda, doch das Angebot ist sättigend. »Auf engstem Raum drängen sich hier tausendachthundertvierundachtzig Restaurants, vierhundertzweiundzwanzig Kaffeehäuser, hundertdreizehn Patisserien und vierundzwanzig Chocolatiers«, sagt Noam Schaked, Direktor einer kulinarischen Webseite. Trotz der Fülle des Angebots muss man sich anstrengen, um auf ein schlechtes Lokal zu stoßen. »Israel muss sich hinter niemandem mehr verstecken: Unsere Restaurants haben das Niveau von New York, Paris und London erreicht«, sagt Rogov, der seine sensiblen

Geschmacksknospen in den Dienst von *Le Monde* oder der *New York Times* stellt. »An dem Tag, an dem man im Ausland erkennt, dass ein Israelurlaub ungefährlich ist, steht dem Land eine Welle von kulinarischem Massentourismus bevor«, schätzt der Gourmet.

Sechzig Jahre Unabhängigkeit seien zwar nicht ausreichend gewesen, um eine neue, eigene »israelische Küche« entstehen zu lassen. »Da hier aber Einwanderer aus mehr als hundert Ursprungsländern zusammenleben, ist eine wahre Fusion-Küche entstanden«, sagt Rogov. Im Messa serviert man Gänseleber auf belgischen Waffeln mit weißer Schokoladensauce oder eine Tarte Tatin mit karamellisierten Tomaten, Ziegenkäse und Trüffelpüree. Einer der ersten Trendsetter war das »Kyoto Salsa«. Mehr als zweihundert Gerichte verquicken hier die japanische und die lateinamerikanische Küche. Carpaccio trifft auf Wasabi und Algen, zum Nachtisch gibt es ein Sushi aus Kokosnuss-Nougat-Parfait. Unter der Leitung der gerade mal dreißig Jahre alten Küchenchefin Maya Lavi wickeln und schneiden drei Spezialisten aus Thailand das Sushi zurecht, das fast zu einem israelischen Nationalgericht geworden ist. Als 2009 das hundertste japanische Restaurant eröffnete, erreichte Tel Aviv nach New York und Tokio die drittgrößte Sushibar-Dichte der Welt.

Die jungen Köche verleihen dem Essen gern einen lokalen Twist: »Das Essen in Israel ist originell, aber nicht gewöhnungsbedürftig. Man fühlt sich an Muttis Küche erinnert, aber merkt doch, dass man in einer anderen Kultur ist«, sagt Claus Rycken, ein neununddreißig Jahre alter Apotheker aus Viersen, dessen Gürtel seit seinem ersten Israelbesuch aus dem letzten Loch pfeift. »Israelis mögen starken Geschmack, sie sind an einzigartige Gewürze gewöhnt, aber für Neuerungen offen«, so Lavi. Wegen des Klimas erhalten die Gerichte einen mediterranen Drall: »In meinen Rezepten tausche ich Sahne gegen Olivenöl aus«, sagt Aviv.

»Wir Köche haben die Gesellschaft nicht verändert. Israel hat sich einfach entwickelt«, erklärt der Starkoch den allerorts spürbaren Wandel zum Besseren. Reisen ins Ausland und die Erfahrungen in anderen Ländern weckten Appetit nach Neuem und schufen Qualitätsbewusstsein. Inzwischen wurde fast überall patzige Bedienung durch zuvorkommenden Service ersetzt, mancherorts müssen Kellner sich bereits mehrmonatigen Lehrgängen unterziehen. Brot wird vor Ort gebacken, aromatisches Olivenöl schmiert den Weg knuspriger Krusten an verwöhnten Gaumen vorbei schnurstracks in nimmersatte Mägen. Längst erringen israelische Weine internationale Auszeichnungen, israelischer Kaffee lässt sein deutsches Pendant blass erscheinen. Saftige Kräuter und Biogemüse nähren Ziegen, aus deren aromatischer Milch Käse entsteht, der auch in Frankreich geschätzt wird. Israels Begeisterung für die Globalisierung hat dafür gesorgt, dass alle Genussgüter der Welt im Land erhältlich wurden. »Einfallsreichtum, Chuzpe, Talent und harte Arbeit lassen israelische Köche jeden internationalen Vergleich bestehen«, sagt Rogov, der viele Restaurants im Land mit zwei Michelin-Sternen auszeichnen würde.

In wohl keinem Gebiet ist dieser Wandel deutlicher spürbar als bei den Nachtischen. Sie haben das Leben in Tel Aviv bitter werden lassen, oder genauer gesagt, zartbitter. Nachdem zuerst Kaffeehausketten und Weingüter das Land mit Qualitätsware überrollten, schwappte in den letzten Jahren eine braune Welle durch das Land. Schokolade in jeder nur denkbaren Form ist plötzlich in aller Munde. Liebhabern von Theobroma, dem »Göttertrank«, wie Europäer den aus Südamerika importierten Kakao anfangs nannten, fällt es heutzutage schwer, die wichtigste Verkehrsader Tel Avivs zügig zu durchschreiten: Nicht weniger als acht Chocolatiers locken auf den knapp zweitausendvierhundert Metern der Ibn-Gvirol-Straße ihre Kundschaft mit gaumenstreichelnden, sündhaft teuren Pralinen in herb-süß duftende Geschäfte. Schokoladentafeln, kunstvoll dekorierte Kuchen und knusprige Kekse kokettieren aus der Theke, nur um Kunden das Geld aus der Tasche und die Kalorien auf die Hüften zu zaubern. Der Trend ist nicht auf Tel Aviv beschränkt: Im symbolträchtigen, ideologischen Kern des Landes, nämlich im ersten Kuhstall von Deganiah Bet, einem der ersten *Kibbuzim* am See Genezareth, hat sich inzwischen anstelle egalitärer Milchkühe eine elitäre Pralinenfabrik eingenistet. Kurz, die Israelis geben sich von Eilat am Roten Meer bis nach Rosch Pina an der Grenze zum Libanon ungehemmt einem andauernden Zuckerrausch hin.

Den Weg Israels zum süßen Sündenpfuhl bereitete in den sozialistischen fünfziger Jahren der legendäre *Hashahar Haole*, die »aufgehende Sonne«, ein undefinierbarer brauner Schokoladenaufstrich für hartgesottene Süßmäuler. Der wurde im Winter knochenhart und zersetzte sich in der Hitze in seine Bestandteile. So begrüßte Konsumenten, die im Sommer wagemutig den Deckel von der billigen Plastikdose entfernten, der Anblick dumpf schwimmenden Fetts, das sich von den anderen Zutaten abgehoben hatte.

Den ersten Quantensprung in Sachen Gastronomie bereiteten in den neunziger Jahren unzählige Kaffeehäuser und Bäckereien, die den heißen Schokoladenfondant als israelischen Standardnachtisch etablierten. Entnervend schlanke junge Kellnerinnen reichen ihn auch heute noch auf großen Tellern, wo ein cremig samtiger Teig vor sich hin dampft. »Er besteht meist aus purer Schokolade, die Ofenhitze intensiviert ihr Aroma, das Vanilleeis bietet dazu einen erfrischenden Kontrast«, sagt die Köchin Lavi. Spaltet man so einen Fondant mit dem Löffel, quillt eine fast schwarze Schokoladensauce lüstern langsam aus ihm heraus und lässt die Vanilleeiskugel daneben nur noch schneller schmelzen.

Bei all dem Überfluss ist es vielleicht ein Wunder, dass es da noch jemanden zu geben scheint, der unbeherrschbare Nostalgie für den *Hashahar Haole* empfindet. Doch Beweis für seine Existenz ist der historische Großmundraub, der sich 2008 in Haifa ereignete: Unbekannte stahlen aus der Fabrik satte hundert Tonnen des klebrigen Aufstrichs.

Nicht nur Diebe, auch Durchschnittsisraelis halten an ihren traditionellen Speisen fest, auch wenn längst schmackhafte Alternativen serviert werden.

Trotz der rasanten Entwicklung der israelischen »Haute Cuisine« fühlen sich die meisten Israelis in »ihrer Steakbude« immer noch am wohlsten. Gänseleber hin, Filet her, ihr Lieblingsgericht bleibt der Hummus, eine beige Kichererbsenpaste, die mit Fladenbrot vom Teller gewischt wird. Jeder Israeli schwört auf »seinen« Hummus, für den er auch mal eine zweistündige Autofahrt in Kauf nimmt, selbst wenn sich an jeder Ecke eine Hummusbude befindet. Im legendären »Pinati« in Jerusalem drängen sich zur Mittagszeit die Menschen für einen Teller Hummus um vier alte, blassgrüne Resopaltische. Das »herzhafte« alte Serviceniveau wird hier aufrechterhalten, wenn genervte Kellner den Teller vor die Gäste werfen und diese anbellen, »nicht zu kauen, sondern zu schlucken.« Schließlich wartet draußen Kundschaft.

Toskana im Wilden Westen

Jenseits der Grenzanlagen im Westjordanland leben Hunderttausende israelische Siedler. Manche sehen sie als das größte Hindernis auf dem Weg zum Frieden

Friedlich rascheln die Zweige der grünen Olivenhaine auf den sanft rollenden Hügeln, die seit Menschengedenken bebaut werden. Ortsnamen wie Schilo – einst das religiöse Zentrum der Israeliten – inspirieren Bibelromantik. Das Mittelmeer, das im Hintergrund unter der heißen Mittagssonne schimmert, ließe Ferienstimmung aufkommen, wären da nicht die Wachtürme, der Stacheldraht und die Armeepatrouillen, die den Besucher in die politische Gegenwart des Nahen Ostens katapultieren. Willkommen in einem der wichtigsten Brandherde des Nahostkonflikts: Palästinenser nennen das 1967 von Israel eroberte Gebiet, das doppelt so groß ist wie das Saarland, das Westjordanland. Sie wollen hier ihren eigenen Staat errichten und fordern deswegen den Abzug der rund dreihunderttausend Israelis, die sich hier in rund hundertfünfzig staatlich anerkannten Siedlungen und siebenundachtzig Außenposten niedergelassen haben. Die internationale Staatengemeinschaft fordert, den Ausbau dieser als illegal betrachteten Siedlungen sofort zu stoppen.

Wenn es nach Jigal Brand, einem Siedler aus Havat Jair, geht, wird es nie dazu kommen: »Das

Gebiet heißt nicht Westjordanland, sondern Judäa und Samaria. Es ist Teil des Landes Israel, das Gott dem jüdischen Volk in der Bibel versprochen hat«, sagt der achtundzwanzigjährige Schulleiter. Wie rund achtzig Prozent der Siedler in den isolierten Außenposten und Siedlungen ist Brand nationalreligiös, was man an dem bunten gehäkelten, kleinen Käppchen erkennen kann, dass der sportliche Mann auf seinem Kopf trägt. Der ehemalige Offizier glaubt daran, das der jüdische Staat eine göttliche Aufgabe erfüllt. In diesem Auftrag schießen in Havat Jair, einem illegalen Außenposten tief im Herzen des Westjordanlands, Einfamilienhäuser in die Höhe. Selbst Israels Regierung bezeichnet Havat Jair als illegal und droht damit, die Häuser der vierundzwanzig Familien und ihrer sechzig Kinder abzureißen. Doch die wollen diese Mischung aus Toskana, Wildem Westen und Freiluftbibelmuseum nie verlassen.

»Die Idee von einem palästinensischen Volk ist ein Hirngespinst, das den Arabern eingeflößt wurde«, sagt Brand. Er glaubt nicht, dass sein isolierter Außenposten ein Hindernis auf dem Weg zum Frieden ist: »Wen stören wir? Hier hat doch vorher niemand gewohnt.« Sein Wohnhaus überblickt ein menschenleeres grünes *Wadi*. Das nächste arabische Dorf liegt zwei Kilometer Luftlinie von Havat Jair entfernt. Die weißen niedrigen Häuser, die sich am Abhang um ein Minarett scharen, kann man im Sommerdunst in der Ferne kaum ausmachen. »Die Siedlungen sind nicht das Problem«, meint Brand. »Aus der Sicht der Palästinenser gibt es keinen Unterschied zwischen Tel Aviv und Havat Jair. Die Ursache für den Nahostkonflikt ist, dass die Araber grundsätzlich keine andere Religion tolerieren.« Bisherige Räumungen von Siedlungen, wie die Evakuierung von achttausend Siedlern aus dem Gazastreifen im Jahr 2005, hätten Israel schließlich keinen Frieden gebracht. »Auf den geräumten Gebieten entsteht kein Palästinenserstaat, sondern Basen des Terrors. Zuerst greifen sie uns an, dann zerfleischen sie sich selbst, wie man heute im Gazastreifen sehen kann.«

Palästinenser sehen das anders. In ihren Augen ist die Forderung nach dem gesamten Westjordanland bereits ein Kompromiss, mit dem sie achtundsiebzig Prozent des historischen Palästina aufgeben. Im kläglichen Rest könne unmöglich ein Staat entstehen, solange die Siedler bleiben, weil die sich weigern, Bürger eines Palästinenserstaats zu werden. »Israel ist ein jüdischer Staat. Ein Araber darf nie Premier werden«, sagt Brand. Er gesteht Palästinensern höchstens Autonomie zu, schließlich »wollen wir keine Sklaven, ich will niemanden beherrschen.« Tiefes Misstrauen prägt Brands Weltanschauung, und so traut er Arabern grundsätzlich nicht: »Heute fordert die Welt die Räumung von Judäa und Samaria, morgen von Tel Aviv. Wenn es hart auf hart kommt, stehen wir Juden allein, das haben wir im Zweiten Weltkrieg ja gesehen.« Viele seiner Vorfahren wurden in den Vernichtungslagern der Nazis getötet.

Nicht nur Ideologie treibt Israelis ins Westjordanland, auch Lebensqualität. Eine vierspurige

Autobahn bringt die Bewohner von Havat Jair innerhalb von dreißig Minuten nach Tel Aviv, doch die Luxusvillen, die ohne Baugenehmigung errichtet wurden, kosteten hier nur einen Bruchteil eines gleichwertigen Hauses jenseits der grünen Linie, die das international anerkannte Israel demarkiert. Auch in staatlich genehmigten Siedlungen ist das Bauen billiger als in vielen Teilen Israels, förderte die Regierung den Umzug doch jahrelang mit Steuervergünstigungen, höheren Gehältern und Preisnachlässen für die Grundstücke.

Im Gegensatz zu Brand, der auf eigene Faust handelt, wartet Schimrit Goldschmidt noch auf die Genehmigung, ihr Haus endlich auszubauen. Ihre Siedlung Nofei Nehemia wurde mit Hilfe der Regierung errichtet, aber im letzten Augenblick weigerte sich der Verteidigungsminister, die abschließenden Urkunden zu unterschreiben. Seit sechs Jahren wohnt die attraktive Lehrerin für Archäologie und Geschichte mit ihrem Mann und zwei Töchtern deswegen in einem Wohncontainer mit drei Zimmern. »Die Regierung versucht uns aufzureiben, aber wir werden bleiben und aus der Siedlung eine blühende Gemeinschaft machen«, sagt Goldschmidt. Der Name ihrer dreijährigen Tochter macht die Entschlossenheit der Goldschmidts deutlich: Sie nannten sie »Morag«, nach einer geräumten Siedlung im Gazastreifen.

Die Siedler von Nofei Nehemia lieben diese Mischung aus Einsiedlerromantik und Ideologie. Die Hügel in der Umgebung sind verwildert: »Manchmal kommen frei lebende Gazellen bis an unsere

Hütte«, sagt Schimrit und kramt sofort mehrere Fotos hervor. Zwei Gazellen sind dort zu sehen, im Hintergrund geht gerade die Sonne über den mit dichten Nebelschwaden bedeckten *Wadis* auf. Doch nicht alles ist eitel Sonnenschein: Drei Mal im Monat schieben die Männer nachts Wachdienst, um ihre Familien vor palästinensischen Angriffen zu schützen. Aus ideologischen Gründen verzichten sie darauf, ihre Siedlung mit einem Sicherheitszaun zu umgeben. »Wir sind nicht aus der Diaspora hergekommen, um wieder in Ghettos zu leben«, sagt Schimrit. Es gibt keine Busverbindung, die Sommer sind in den kleinen Wohncontainern entsetzlich heiß, die Winter bitterkalt. Wenn Israel Krieg führt, bleiben die Frauen und Kinder von Nofei Nehemia allein: »Alle unsere Männer sind jung und werden sofort aufgerufen, wenn Krieg ist«, sagt Goldschmidt. »Ohne Willenskraft und tiefe innere Überzeugung ginge hier nichts.«

Trotzdem ist sie sicher, dass es sich lohnt, hier zu leben: »Unser Leben hier macht Sinn. Wir sind keine Materialisten wie die Menschen in Tel Aviv.« Ein Gefühl der Gemeinschaft verbindet die jüdischen Siedler: Man hilft einander, im ganzen Westjordanland kann man mühelos per Anhalter zurechtkommen. Angst kennen weder Goldschmidt noch der militante Brand. »Ich bin nicht mutig«, sagt sie. Sie verlasse sich auf die Wachhunde und Gott. Brand hingegen, dessen kurze Hosen freien Blick auf seine muskulösen Beine zulassen, setzt auf Aktivismus und Abschreckung. In seinem Nachtschränkchen bewahrt er eine Pistole auf. Beide glauben fest daran, dass allein der Friedensprozess den Palästinensern Flausen in den Kopf gesetzt und so zum Zusammenstoß geführt habe. Vorher habe man friedlich zusammengelebt.

Eines Tages, so hoffen Goldschmidt und Brand, werden ihre Siedlungen so erfolgreich sein wie die Stadt Ariel, mit achtzehntausend Einwohnern eine der größten Siedlerstädte mitten im Westjordanland. Sie hat heute ein halbes Dutzend Schulen, vierzehn Synagogen, drei Supermärkte, ein Hotel mit Schießstand, ein Schwimmbad und einen Minigolf-Parcours. Zwei Sicherheitsbeamte mit Maschinenpistolen bewachen die Einfahrt in die Stadt, aber innen säumen friedliche, baumbestandene Alleen die schmucken Häuser. Das »Universitätszentrum Ariel« auf dem höchsten Berg der Umgebung bildet inzwischen in vier Fakultäten rund elftausend Studenten aus. Trotz aller Friedensgespräche, die einen Baustopp und teilweise sogar die Räumung Ariels vorsehen, ist Professor Jigal Cohen Orgad, Rektor des Zentrums, klar, dass seine Universität in »Judäa und Samaria« Zukunft hat: »Wir arbeiten am Plan für das Jahr 2020. Bis dahin werden wir zwanzigtausend Studenten haben.«

Der arabische Siedler

Ein junger Araber in der Siedlung Ariel beweist, dass Stereotype nicht ausreichen, um den Nahostkonflikt zu umschreiben

Der junge muskulöse Mann spricht akzentfrei Hebräisch, hat einen israelischen Pass, lebt in der Siedlung Ariel und zählt Siedler zu seinen Freunden. Wie viele Israelis glaubt er, dass die Palästinenser selbst für ihre Misere verantwortlich sind. Der fünfundzwanzig Jahre alte Soziologiestudent könnte einfach nur ein typischer israelischer Siedler sein: jüdisch, nationalistisch, ideologisch motiviert. Aber sein Name ist Muhammad Nasrallah, und er ist ein muslimischer Araber aus dem israelisch-arabischen Dorf Kalansua.

Den Beweis dafür, dass die Juden einen Anspruch auf Palästina haben, findet Nasrallah bereits im Koran, dem heiligen Buch der Muslime. »Selbst im Koran steht ja, dass das Land den Juden gehört«, sagt Nasrallah. Der einundzwanzigste Vers der fünften Sure zitiert eine Rede Moses' an die Juden: »O mein Volk, betretet das Heilige Land, das Allah für euch bestimmt hat.« Nasrallah, ein islamischer Zionist. Gleichzeitig befürwortet der arabische Siedler die Gründung eines Palästinenserstaats: »Wenn es Frieden geben soll, müssen alle Siedlungen geräumt werden. Das alles kommt eines Tages hier weg«, sagt er und zeigt von seinem Wohncontainer aus mit einer ausschweifenden Bewegung seines rechten Armes auf die funkelnden Lichter der Siedlerstadt Ariel mit ihren achtzehntausend Einwohnern.

Nasrallahs Wohncontainer sieht aus wie unzählige Wohnungen anderer israelischer Siedler im besetzten Westjordanland. Der rostbraun angestrichene Metallkasten steht auf dem Gelände der größten Lehreinrichtung der Siedler, dem Universitätszentrum Ariel. Ständig schauen Studenten bei Nasrallah vorbei. Hier können sie ihre Probleme besprechen oder einfach nur den Abend verbringen. Vor dem großen Plasmabildschirm machen es sich ehemalige Soldaten neben Wehrdienstverweigerern bequem, Nationalisten treffen auf israelische Araber und rauchen gemeinsam eine Zigarette nach der anderen.

Nasrallah genießt im Gegensatz zu den anderen Studenten ein seltenes Privileg: Er wohnt allein in seinem Container, schließlich arbeitet er für die Universitätsleitung. An die vierhundert Araber aus Israel studieren und wohnen in Ariel, eigentlich eine Hochburg nationalreligiöser Siedler. »Besonders arabische Frauen fühlen sich bei uns wohl, weil sie von den Männern respektiert werden«, sagt Nitza Davidovic, Studienleiterin in Ariel. Trotzdem kommt es manchmal zu Spannungen. Dann spielt Nasrallah die Rolle des offiziellen Vermittlers: »Ich kann arabischen Studenten Dinge sagen, die einen Aufruhr auslösen würden, wenn sie von einem Juden kämen«, erklärt er. Würde beispielsweise ein

Sicherheitsbeamter einen arabischen Studenten auf das Rauchverbot in den Hörsälen hinweisen, »würde der das so interpretieren, als diskriminierte man ihn, nur weil er Araber ist. Wenn ich ihm hingegen etwas sage, macht er einfach die Zigarette aus.«

Wie viele arabische Bürger Israels lebt Nasrallah in zwei Welten. Er hat jüdische Freunde, vergisst aber nie, dass er Araber ist. Viele der rund eineinhalb Millionen arabischen Staatsbürger Israels haben ein Identitätsproblem. Juden betrachten sie als fünfte Kolonne in ihrem Staat, Palästinenser sehen sie als Kollaborateure. Sie sind beiden Seiten fremd. Nasrallah hingegen bereitet seine Identität keine Kopfschmerzen: »Ich will nur unter israelischer Herrschaft leben. Ich war schon oft in Jordanien, Ägypten und dem Westjordanland zu Besuch, aber dort würde ich nie wohnen wollen.« Für ihn ist klar, er gehört nach Israel: »Wenn die Juden aus dem Nahen Osten vertrieben würden, säße ich bei El Al in der ersten Reihe und flöge mit.«

An diesem kühlen Abend schaut Eliyahu Bar Abi vorbei. Seine Freunde nennen den schmächtigen Studenten mit dem kleinen Ziegenbart und der lässig schräg am Hinterkopf befestigten Kopfbedeckung »Barbie«. Seiner Meinung nach gehört den Juden das ganze Land, doch weiß er auch um den schweren Preis, den Israel für die Besatzung zahlt. »Manche von meinen Freunden sind in Gaza in ihren Panzern in die Luft gejagt worden«, sagt Barbie und kommt zu dem Schluss: »Dieses Land ist uns zwar von Gott versprochen worden, aber es ist nicht wert, darüber so viel Blut zu vergießen.«

Barbie und Nasrallah sind fest von ihren Ideologien überzeugt, trotzdem stellen sie ihre Freundschaft über alles. Als Barbie im Januar 2009 für den Krieg gegen die Hamas im Gazastreifen eingezogen wurde, hielt Nasrallah den Kontakt aufrecht: »Muhammad hat während des Krieges mehrmals voller Sorge bei mir angerufen, um mich zu fragen, wie es mir geht«, sagt Barbie. Selbst mehr als tausend getötete Palästinenser dämpften Nasrallahs Sorge um seinen jüdischen Freund nicht.

Nasrallahs beste Freunde wohnen in der nahen Siedlung Netafim. Einmal in der Woche fährt er sie besuchen und grillt mit Ofir und Shirley Amber, nachdem ihr Sohn Lior in seinem Gitterbettchen eingeschlafen ist. Der bewaffnete Wächter am Eingang der Siedlung kennt Muhammad bereits und winkt den Araber durch die Straßensperre an der Einfahrt, die Palästinenser nachts von der Siedlung fernhalten soll.

»Ich bin hierher gezogen, weil es eine religiöse jüdische Gemeinschaft ist«, sagt der siebenundzwanzig Jahre alte Ofir, der Kriminologie studiert. Er sieht aus wie ein entspannter Hippie, doch der Anblick trügt: Unter den friedlich vom Kopf baumelnden Rastalocken versteckt sich ein Elitesoldat der israelischen Armee, dem Gewalt in seiner militärischen Laufbahn nicht unbekannt war. »Die Araber in unserer Umgebung verhalten sich ruhig, weil sie wissen, dass sie sonst einen hohen Preis zahlen, und weil es sich für sie lohnt«, sagt er in einem ruhigen Tonfall, als bespräche er das Wetter von gestern. Angst kennt der überzeugte Siedler nicht:

Seine Einkäufe macht er in einem billigen Tante-Emma-Laden im arabischen Dorf Bidia nebenan. Doch er sucht keinen Streit: »Der arabische Ladenbesitzer hat mich zur Hochzeit seiner Tochter eingeladen, aber ich werde nicht hingehen, damit es nicht unnötig Ärger mit den anderen Gästen gibt.«

Im Umgang miteinander versuchen Muhammad und Ofir Konflikte zu umschiffen: »Wenn wir unter uns sind, bleibt Politik außen vor«, sagt Muhammad und legt noch ein paar koschere Steaks, die er für heute Abend besorgt hat, aufs Feuer. »Jede Seite ist davon überzeugt, dass nur sie recht hat«, pflichtet Ofir ihm bei. Doch manchmal kommt es zum politischen Gespräch.

Viele säkulare Israelis zogen wegen der billigen Wohnmöglichkeiten ins Westjordanland, Ofir hingegen ist ein überzeugter Siedler. Der religiöse Jude kam aus ideologischen Gründen her: Judäa ist seiner Meinung nach die historische Wiege seines Volkes. Billiges Wohnen gehört in Netafim ohnehin längst der Vergangenheit an. Dank einer vierspurigen Autobahn dauert die Fahrt von der Siedlung im Grünen in die Innenstadt Tel Avivs knapp dreißig Minuten. Die Miete für die Drei-Zimmer-Wohnung liegt deswegen bei rund fünfhundert Euro im Monat. »Es wird mir sehr schwerfallen, dieses Haus zu verlassen, falls Israel das Westjordanland räumen sollte«, sagt Ofir und lässt seinen Blick über die Terrasse schweifen, die Ausblick auf das baumbestandene Wadi bietet. »Macht nichts. Wenn sie dich hier rausschmeißen, nehme ich deine Villa«, scherzt Muhammad. »Dann kann ich ja auch dein Haus haben, nachdem sie dich ausgebürgert haben«, kontert Ofir, und beide lachen unbeschwert.

Der Weg zum Haus der Ambers ist nicht ungefährlich. Einmal wurde Muhammads Auto von Palästinensern mit Steinen beworfen. »Verdammte Araber!«, flucht Muhammad und lacht. »Es war absurd: Wir gingen gemeinsam zur Polizeistation, um Anzeige zu erstatten. Der Beamte traute seinen Augen und Ohren nicht, als wir zusammen eintraten«, kichert jetzt auch Ofir, der seinem arabischen Freund vor den Behörden Beistand leistete.

Was andere pessimistisch macht, ignorieren sie am liebsten. Sie glauben nicht, dass es jemals zur Aussöhnung kommen wird: »Wir werden den Frieden zwischen unseren Völkern nicht erleben«, sagt Ofir. Wenn sie aber nachts gemeinsam die koscheren Steaks grillen, feiern sie schon insgeheim ihren ganz persönlichen Frieden.

Erstklassige Zweite-Klasse-Bürger

Vor dem Gesetz mögen alle Bürger gleich sein, trotzdem fühlen Israels Araber sich bis heute benachteiligt

Naifa T. könnte die Verkörperung einer Erfolgsstory sein. Die sechsunddreißig Jahre alte, wonnige Araberin aus dem Norden Israels hat mehrere akademische Titel, spricht drei Sprachen und lehrt an zwei israelischen Universitäten. Hier korrigiert sie das Hebräisch in den Texten, die ihre Studenten, oftmals russische Einwanderer, bei ihr einreichen. Nach der Arbeit geht sie gern mit ihren jüdischen Freunden essen. Aber wenn sie abends zurück nach Hause in das arabische Dorf fährt, in dem sie mit ihrer Familie wohnt, wird sie an ihren benachteiligten Status in Israel erinnert: »Das Land da gehörte einmal unserer Familie«, sagt sie und zeigt mit ausgestrecktem Zeigefinger auf einen grünen Hügel, auf dem heute eine israelische Kleinstadt steht. »Nach dem Unabhängigkeitskrieg 1948 wurden wir enteignet.« Naifa ist eine erstklassige Bürgerin zweiter Klasse.

Jeder fünfte Israeli ist Araber. Allein der Versuch, einen passenden Begriff für diese rund eineinhalb Millionen Staatsbürger zu finden, ist schwierig. Rund achtzig Prozent von ihnen sind Muslime, der Rest Christen und Drusen. Sie bilden eine ethnische und religiöse Minderheit im Judenstaat, der sich im Dauerkampf mit ihren Verwandten im arabischen Umland befindet. Israelis und Palästinensern sind Israels Araber gleichermaßen suspekt: Die einen fürchten sie als fünfte Kolonne, die anderen betrachten sie als Kollaborateure. Offiziell bezeichnet man sie als »Araber Israels«, doch die meisten von ihnen lehnen diesen possessiven Genitiv als bevormundend ab. Palästinenser im Ausland nennen sie »Arab ad-Dahil« – die Araber von drinnen, die bei der Staatsgründung Israels 1948 im jüdischen Staat zurückblieben und nicht wie sie vertrieben wurden. Naifa hört diesen Begriff nur ungern. In ihren Ohren klingt er abfällig. In der Suche nach einer neutralen Bezeichnung spiegelt sich der heikle Versuch, politisch nirgends anzustoßen. Zumeist bezeichnen sie sich schlicht als »Araber«, als Ausdruck ihrer Sprache und Kultur. Rund ein Viertel sieht sich als »Palästinenser mit israelischer Staatsangehörigkeit«, neunzehn Prozent definieren sich über ihre Religion. Nur jeder Zehnte bezeichnet sich selbst in erster Linie als Israeli.

Die kleine, mollige Naifa kann stundenlang von erniedrigenden Erfahrungen erzählen, die sie in Israel gemacht hat. Mit dem schweren Schmuck, dem leuchtend roten Lippenstift, den frechen dunklen Augen und ihren pechschwarzen Haaren ist sie als Araberin sofort erkennbar. Während der *Intifada*, als die Angst vor Selbstmordattentaten groß war, durchsuchten Polizisten an öffentlichen Orten ihre Taschen, als wäre sie eine Terroristin. »Einmal suchte ich eine Wohnung und ging die Anzeigen in den

Tageszeitungen durch. Doch die Telefongespräche endeten abrupt, wenn die andere Seite meinen arabischen Namen hörte«, sagt Naifa mit einem bitteren Lachen, so, als wäre das ein unabwendbarer Normalzustand. Bei Juden stellt sie sich deswegen inzwischen unter dem Namen Niva vor: »Das klingt russisch.« Vier von fünf Arabern berichten von solchen Erfahrungen. Viele Juden wollen nicht mit einem Araber im selben Gebäude wohnen und nennen die arabische Kultur »primitiv«. Der Klang der arabischen Sprache löst bei jedem zweiten Israeli »Angst« und bei jedem dritten »Hass« aus. Diese Feindseligkeit wird durchaus erwidert: Etwa die Hälfte der Araber will nicht neben Juden wohnen, rund sechzig Prozent stellen das Existenzrecht Israels in Frage, vierzig Prozent der arabischen Israelis behaupten, die Schoah habe nie stattgefunden.

Das Misstrauen und jahrzehntelange Kriege führen zu mannigfacher Benachteiligung arabischer Israelis. Die Landfrage gilt als dringlichstes Problem: In großen Teilen Galiläas machen Araber mehr als siebzig Prozent der Bevölkerung aus, aber ihnen stehen nur sechzehn Prozent der Landreserven zur Entwicklung ihrer Städte zur Verfügung. Seit seiner Gründung hat Israel mehr als siebenhundert jüdische Dörfer und Städte errichtet. Im selben Zeitraum ist keine einzige arabische Stadt entstanden, obwohl sich die Zahl der Araber verzehnfacht hat. Die muslimischen Araber bilden, gemeinsam mit den ultraorthodoxen Juden, die unterste soziale Schicht der israelischen Gesellschaft. Das Durchschnittsgehalt eines Arabers liegt neunundzwanzig

Prozent unter dem eines Juden, die Armut ist hier doppelt so hoch wie im Landesdurchschnitt. Nur ein Drittel der muslimischen Araber schafft es bis zum Abitur, fünfzehn Prozent weniger als der Landesdurchschnitt.

Menschen wie Naifa geben dem Staat die Hauptschuld für ihre Probleme und erwägen auszuwandern. Dass das Problem aber komplexer ist, zeigt sich an dem Beispiel ihres jüngeren Bruders. Träge sitzt der arbeitslose junge Mann mittags vor dem Fernseher. Er ist enttäuscht und hat keine Lust mehr, nach einem Job zu suchen. Im Hightech-Staat Israel hat er sein Studium als Computerprogrammierer nie abgeschlossen, sein Englisch besteht aus wenigen Brocken. Trotzdem ist für ihn klar, was der wahre Grund dafür sein soll, dass er keine Anstellung findet. »Sie wollen mich ja nur nicht, weil ich Araber bin«, sagt er und zappt zum nächsten Fernsehkanal.

Das Schicksal seiner Schwester zeigt jedoch, dass es auch positive Entwicklungen gibt. Inzwischen ist es vielen Arabern gelungen, selbst im jüdisch dominierten Israel in die obersten Etagen aufzusteigen. Im Jahr 2007 wurde Ghaled Madschadla erster arabischer Minister. Im Außenministerium arbeiten bereits mehrere arabische Botschafter. Im Jahr 2006 beschloss die Regierung, eine neue arabische Stadt zu errichten, und gewährte arabischen Städten Steuervergünstigungen. Auch die kulturelle Barriere scheint langsam zu zerbröckeln. Arabische Journalisten werden in Fernsehen, Zeitungen und Radio zunehmend sicht- und hörbar, im Jahr 1999 wurde eine Araberin zu Israels Schönheitskönigin gewählt. Auch wenn der Weg bis zur Gleichberechtigung noch weit ist, scheinen sich die meisten im Land wohlzufühlen. Eine Harvard-Studie aus dem Jahr 2008 zeigt, dass siebenundsiebzig Prozent der Araber lieber in Israel leben wollen als in jedem anderen Staat der Welt. »Trotz aller Probleme, der Staat Israel ist mein Zuhause«, sagt Naifa.

Vom Feind zum Kunden

Die israelische Flugsicherheit stellt nicht nur an ahnungslose Touristen manchmal hohe Anforderungen an Geduld und Toleranz

Es ist noch nicht lange her, da war für viele israelische Araber ein Flug in den Urlaub kein Anlass zur Freude, sondern für tiefen emotionalen Stress. »Den ganzen Weg zum Flughafen saßen Familien fröhlich mit lauter Musik im Wagen, doch sobald man sich dem Flughafen näherte, änderte sich die Atmosphäre«, erzählt Ibrahim Abu Schindi, ein Araber aus dem Tel Aviver Stadtteil Jaffa. Die Musik wurde ausgeschaltet, jeder Hinweis darauf, dass man Araber war, verängstigt vertuscht. Die Furcht war Resultat langjähriger Erfahrungen. Manchmal hielt das Sicherheitspersonal am Flughafen Familien stundenlang in Verhören fest, Eltern mussten sich vor den Augen ihrer Kinder erniedrigenden Untersuchungen unterziehen. Araber wurden aus gemischten Gruppen herausgefischt und gesondert überprüft. »Ich kam immer viele Stunden vor dem Abflug zum Terminal, war aber stets der letzte Passagier, der das Flugzeug boarden konnte. Immer wieder stellte man mir dieselben Fragen und behandelte mich wie einen potenziellen Terroristen«, sagt Abu Schindi.

Für viele jüdische Israelis sind alle Araber gleich.

Äußerlich scheint Abu Schindi der Prototyp der israelischen Araber zu sein. Er gehört zu den Alteingesessenen Jaffas. Er kann seinen Stammbaum bis 1792 zurückverfolgen, als seine Vorfahren sich hier, in der wichtigsten Hafenstadt Palästinas, ansiedelten. Wie die Mehrheit der Araber Palästinas flüchtete auch der Großteil seiner Familie im israelischen Unabhängigkeitskrieg 1948, den die Palästinenser einfach nur *Naqba*, die Katastrophe, nennen. »Ich habe heute fast in jedem arabischen Staat Verwandte«, sagt Abu Schindi. Doch da endet die Ähnlichkeit zu anderen arabischen Staatsbürgern Israels. Als dieser kleine, stämmige, glatzköpfige Mann knapp zwölf Jahre alt war, stellte er seinen Eltern eine ungewöhnliche Forderung: »Ich wusste, dass ich in der besten Schule im Land lernen will. Nur das Herzliyah-Gymnasium kam deswegen für mich in Frage«, erinnert sich der warmherzige Mann mit dem breiten Lächeln.

Ein Araber auf dem Herzliyah-Gymnasium – das klingt für viele Israelis selbst heute noch ähnlich kongruent wie ein jüdischer Papst, ein atheistischer Imam oder ein sizilianischer Feminist. Das im Jahr 1905 gegründete Herzliyah-Gymnasium war das erste hebräische Gymnasium der Welt. Der alte Bau, der bald im Kern der neu gegründeten Stadt Tel Aviv angesiedelt wurde, galt als Hochburg des Zionismus. Zwei Türme am Eingang des Schulgebäudes sollten an die Säulen am Eingang des biblischen Tempels erinnern, die Spitzen, die sich an den vier Ecken des Daches erhoben, spielten auf die Form des biblischen Opferaltars an. Gymnasia Herzliyah, benannt nach Theodor Herzl, dem Gründer des politischen Zionismus, wurde zum Wahrzeichen einer Bewegung, die ihr Volk im Geist der alten Hebräer der Bibel neu erziehen wollte. Ein großer Teil der frühen israelischen Elite, wie der zweite Premier Mosche Scharett, erhielt hier seine Erziehung.

All das kümmerte Abu Schindi herzlich wenig, als er sagte, dass er ausgerechnet dort lernen wolle. Den Vorschlag des Schulleiters, es doch vielleicht andernorts zu versuchen, lehnte er entschieden ab. Seine Hartnäckigkeit machte sich bezahlt: Abu Schindi wurde zum ersten Araber auf der Schule. Heute spricht der Leiter eines Gemeindezentrums in Jaffa perfektes, akzentfreies Hebräisch und kennt die jüdischen Israelis vielleicht besser als sie sich selbst. Seine Erfahrungen halfen ihm, Vorurteile abzubauen und eine eigene Ansicht zur Behebung der Spannungen in der israelischen Gesellschaft zu bilden. »Schon als Junge verstand ich, dass wir dieses Land nur gemeinsam verändern können«, sagt Abu Schindi. Am Flughafen in Tel Aviv half ihm das aber anfangs nur wenig. Jahrelang musste der Bürgerrechtler und Aktivist jedes Mal, wenn er ins Ausland flog, Erniedrigungen einstecken, sich bis auf die Unterhose ausziehen und stundenlang dieselben Fragen beantworten. Bis er eines Tages den Flughafen gemeinsam mit einem Minister besuchte und dem Generaldirektor einen Vorschlag machte: »Ich fragte ihn, ob er nicht seinen Service für arabische Fluggäste verbessern wolle. Er fragte einfach, was ich anzubieten hätte, und so begann unsere Kooperation.« Seit 2006 arbeiten Abu Schindi und seine Kollegen vom Forum für bürgerliche Zustimmung nun mit den Behörden am Flughafen zusammen, mit beeindruckenden Ergebnissen: »Vor wenigen Jahren hagelte es jährlich Hunderte Beschwerden von Arabern, die sich am Flughafen misshandelt fühlten. Jetzt sind es weniger als dreißig im Jahr«, sagt Abu Schindi.

Der Wandel war für beide Seiten schwer: »Wir mussten umdenken, etwas völlig Neues erfinden«, sagt Schimschon Katz, Direktor der Abteilung für Kundenservice am Flughafen. »Unsere Beamten sind junge Männer und Frauen, die gerade aus der Armee entlassen wurden und ein bestimmtes Feindbild haben. Sie kennen Araber aus den Medien und aus dem Krieg«, sagt Katz. »Für junge Israelis sind alle Araber gleich. Es ist egal, ob ich aus Syrien, dem Libanon oder aus Israel komme. Sie können nicht unterscheiden, ob ich ein Friedensaktivist oder ein Anhänger der Hamas bin«, sagt Abu Schindi. Deswegen organisierte er Treffen mit Vertretern aus dem arabischen Sektor, um dieses Bild zu verändern und zu differenzieren. »Wenn man jungen Exsoldaten sagt, es könnte sein, dass ein arabischer Arzt ihre Eltern in einem israelischen Krankenhaus behandelt oder ein arabischer Rechtsanwalt sie vor Gericht vertritt, beginnen sie umzudenken«, sagt Katz. Auch Abu Schindi sammelte in der Zusammenarbeit neue Erfahrungen: »Ich dachte anfangs, dass auf der anderen Seite der Teufel selbst sitzt, der jedem Araber gegenüber schlechte Absichten hat.« Doch die Offenheit seiner neuen Partner überraschte ihn.

Seminare sorgen für neues Verständnis: »Die meisten Israelis kennen unsere Kultur nicht. Sie wissen nicht, wie man zu unseren Frauen sprechen muss, oder dass der Mann als Familienoberhaupt nicht vor aller Augen gedemütigt werden darf. Heute ist das anders.« Beamte wurden in ganz Israel zu Ausflügen in arabische Städte eingeladen. »Es war mir nicht selten mulmig zumute, wenn ich in ein Dorf kam, in dem an jedem dritten Haus PLO-Flaggen hingen«, sagt Katz, der eine lange Karriere in israelischen Sicherheitsdiensten hinter sich hat. Technische Abläufe wurden verändert: »Früher erhielten Araber und Juden Aufkleber in unterschiedlichen Farben, standen in unterschiedlichen Schlangen. Das haben wir abgeschafft«, sagt Abu Schindi. In jeder Schicht hat der Flughafen nun Araber eingestellt, die in besonders komplexen Fällen eingreifen und vermitteln sollen.

»Es war für uns wichtig zu verstehen, dass sie nicht die Sicherheit einschränken wollten. Da gibt es keine Kompromisse«, sagt Katz. Noch immer gilt der Flughafen von Tel Aviv als der sicherste der Welt. »Auch wir wollen Sicherheit und nicht mit einer Bombe in die Luft fliegen«, sagt Abu Schindi. Deswegen richteten sich seine Bemühungen nicht gegen die Sicherheitsvorkehrungen an sich, sondern darum, sie erträglicher zu machen. Die Flughafenleitung will inzwischen auch ihren arabischen Kunden dienen: »Selbst wenn der Beamte ein Rassist ist und Araber hasst: Die Flughafenleitung macht ihm inzwischen klar, dass er ihnen einen guten Service bieten muss, auch wenn es um Sicherheit geht«, sagt Katz.

Abu Schindi ist überzeugt, dass kleine Gesten große Wirkung haben können. »Der Flughafen in Tel Aviv ist oft der einzige Ort, an dem ein arabischer Israeli mit der Staatsmacht in Berührung kommt«, sagt er. »Hat er hier schlechte Erfahrungen, hasst er den Staat.« Als Gegenbeispiel erzählt er von der Pilgerreise seiner Mutter: »Auf dem Heimweg aus Mekka saß meine Mutter mit ihrer Gruppe zwei Tage am Grenzübergang auf der jordanischen Seite in der Wüste fest.« Als die Gruppe endlich nach Israel konnte, empfing der israelische Grenzschutz die durstigen Pilger mit Wasserflaschen: »Diese Geste hat meine Mutter dem Staat Israel nie vergessen. So etwas baut Brücken«, sagt Abu Schindi. So hält der Flughafen inzwischen seine Beamten an, Araber zu ihren Festen mit arabischen Segenssprüchen zu begrüßen. Neben den Räumen, in denen Fluggäste manchmal lange auf Hintergrundchecks des Geheimdienstes warten müssen, wurden Spielecken für Kinder eingerichtet.

Jetzt will Abu Schindi das Projekt ausdehnen: »Wir arbeiten bereits mit allen Grenzübergängen zusammen, selbst das Militär war bei mir. Sie wollen die Checkpoints im Westjordanland menschenfreundlicher machen.« Katz ist davon überzeugt, dass das Projekt bereits heute weiter reicht als nur bis an die Grenze des Flughafens: »Ich glaube, dass wir die Weltanschauung unserer Mitarbeiter maßgeblich und langfristig verändern.«

Zwischen allen Stühlen

Die Christen im Heiligen Land wissen nicht, wohin sie gehören. Deswegen wandern die meisten von ihnen aus

»Jeden Morgen, wenn ich in den Spiegel schaue, weiß ich gar nicht, wen ich eigentlich vor mir sehe«, sagt Wadie Abunassar. Der Politologe aus Haifa ist nicht geisteskrank. Sein Identitätsproblem ist typisch für die Lage der rund hundertzehntausend Christen in Israel, die im Konflikt zwischen Israelis, Palästinensern, Muslimen und Juden zwischen allen Fronten stehen. Den muslimischen Palästinensern sind sie suspekt, weil sie Christen sind. Für die Juden sind sie einfach nur Araber, in europäischen Kirchen haben sie kaum Einfluss, weil sie Araber sind. So wissen die Christen nicht, zu wem sie eigentlich gehören. In den anhaltenden Konflikten in Nahost werden die Kirchen im Heiligen Land zusehends zerrieben.

Trotzdem sind sie unfähig, gemeinsam zu agieren. Persönliche Rivalitäten und theologische Debatten – in Israel gibt es mehr als zwanzig verschiedene christliche Denominationen – haben die Christen in kleine, irrelevante Gruppen zersplittert. »Die Vertreter der arabischen Parteien haben sich in den vergangenen zwei Jahren nur zwei Mal getroffen. Sie können sich auf nichts einigen«, sagt Abunassar.

Als der Friedensprozess vor einem Jahrzehnt seinen Höhepunkt erreichte, sahen sie in ihrem Minderheitsstatus einen Vorteil. Man wollte als Brücke zwischen allen Beteiligten des Konflikts und der westlichen Welt fungieren. Abunassar, der unter anderem an der Universität in Tel Aviv studierte und dort heute lehrt, verkörpert in seiner Person die Fähigkeit, Brücken zu schlagen. »Bei den Juden gelte ich als Experte für Palästinenser«, sagt er in akzentfreiem Hebräisch. Unter Palästinensern ist er als Kenner der Israelis bekannt.

Doch jedes Mal, wenn es im Nahen Osten kriselt, leiden die Christen als Erste. Als 2006 der zweite Libanonkrieg zwischen Israel und der schiitischen Hisbollah-Miliz tobte, erfuhr Abunassar dies am eigenen Leib: »In Haifa wurden Mitglieder meiner Gemeinde von Raketen der Hisbollah getötet. Im Libanon fielen israelische Soldaten, von denen einige meine Studenten waren, während israelische Kampfflugzeuge Bomben auf Dörfer warfen, in denen Verwandte meiner Mutter leben.«

In der einst von Christen dominierten Stadt Nazareth, der größten arabischen Stadt Israels, war im Dezember 2009 kaum etwas vom nahenden Weihnachtsfest zu spüren. Nur wenige Geschäfte in unmittelbarer Nähe zur Verkündigungsbasilika waren mit Bäumchen und Weihnachtsmännern geschmückt. Die Basilika ist die wichtigste Pilgerstätte Nazareths. Sie erhebt sich über der Grotte, in der, der christlichen Überlieferung zufolge, Erzengel Gabriel Maria die Geburt des Erlösers verkündete. Die Muslimbruderschaft wählte ausgerechnet den zentralen Platz neben der Kirche, um zwei große Trotzbanner auf Englisch und Arabisch aufzuhängen. Sie sollen deutlich machen, wer jetzt Herr im Hause ist, und zitieren die *Ichlas*, die hundertzwölfte Sure des Koran, die die Einheit Gottes als Gegensatz zum Christentum erklärt: »Allah ist der einzige, ewige, absolute Gott. Er hat nicht gezeugt, und niemand hat ihn gezeugt, und niemand kommt ihm gleich!« Tagtäglich müssen die Christen auf ihrem Weg zur Basilika unter der Hetzschrift hindurch: »Am besten man ignoriert sie, sonst verschafft man den Extremisten Genugtuung«, sagt Abunassar. Doch Christen in der Stadt berichten hinter vorgehaltener Hand über die Spannungen in den Beziehungen mit der muslimischen Mehrheit.

Der Umstand, dass Christen im Nahen Osten eine Minderheit sind, ist nicht neu. Spätestens seitdem die Araber im Jahr 638 Palästina eroberten, werden die Geschicke der Kirchen hier von anderen bestimmt. Doch Fuad Farah, ein achtzigjähriger griechisch-orthodoxer Christ aus Nazareth und Buchautor, sieht zu Weihnachten schwarz: »Unsere Lage war noch nie so prekär wie heute. In wenigen Jahrzehnten wird es hier keine Christen mehr geben.« Die imposanten Gebäude einer zweitausend Jahre alten Tradition würden zu leeren Fassaden, Kulisse für die rund zwei Millionen Pilger, die Jahr für Jahr ins Land strömen. Ein aktives Gemeindeleben gehöre der Vergangenheit an, so Farah.

Neben dem politischen Druck ist die schrumpfende christliche Minderheit in Israel zunehmender wirtschaftlicher Pression ausgesetzt. Einst war sie die urbanste Schicht mit dem höchsten Bildungsstand. Christen bildeten die geistliche und politische Elite. Doch mit dem hohen Bildungsstand sank die Geburtenrate, ihr Anteil an der Bevölkerung nahm kontinuierlich ab. Waren vor sechzig Jahren noch zehn Prozent der Bevölkerung Christen, machen sie heute noch knapp zwei Prozent aus. In der israelischen Demokratie fallen sie deswegen kaum noch ins Gewicht. »Vom Staat erhalten wir nur die Reste«, sagt Abunassar. Hinzukommt, dass die Muslime immer gebildeter werden. »Sie konkurrieren um die Jobs, die früher nur Christen machten. Und wir können nirgends ausweichen«, sagt Farah.

So ist es kaum ein Wunder, dass immer mehr Christen sich für die Emigration entscheiden. Dieser Trend ist nicht neu, schon vor hundertzwanzig Jahren begann die Auswanderung angesichts von Hunger, Not und Unterdrückung durch die damals muslimischen Machthaber des osmanischen Reichs. Auswanderungsziel sind die etablierten palästinensischen Gemeinden in Amerika und Australien. Inzwischen sind nur noch so wenige hier im Land, »dass wir die Auswanderung jeder Familie spüren«, sagt Abunassar.

Rettung könnte überraschenderweise vom Judenstaat kommen. Der brachte im Rahmen einer großen Einwanderungswelle aus der Sowjetunion Hunderttausende Menschen ins Land, die zwar eine lose Verbindung zum Judentum nachweisen können, aber trotzdem mit christlichen Traditionen verbunden sind. »Nicht selten kommen meine russischen, vermeintlich jüdischen Nachbarn in Haifa zu mir, damit ich ihnen heimlich bei uns eine Taufe organisiere«, lacht Abunassar. So weigert er sich, pessimistisch zu sein: »Wenn wir uns auf unseren Glauben besinnen, werden wir hier überleben. Daran glaube ich ganz fest.«

Der Schmelztiegel

Im Verhältnis zu seiner Größe hat Israel mehr Einwanderer aufgenommen als jede andere Land der Welt

Die kleine Bäckerei verkauft fast nur dunkles russisches Brot. Im Fernseher an der Wand läuft eine russische Seifenoper. »Priviet«, begrüßt die blasse blonde, blauäugige Verkäuferin eine Kundin, die auf Russisch ihre Bestellung aufgibt. In der Konditorei nebenan verkauft Vicki Piroschki oder Pitschenia, süße Teigröllchen mit Walnussfüllung, die sie vorher sorgfältig mit Puderzucker bestäubt. Der Feinkostladen auf der anderen Seite bietet seinen Kunden Schweinefleisch, russische Butter und Wodka. Auf der Theke liegen Schokoriegel, die in funkelndes Silberpapier gehüllt sind. Die kyrillischen Buchstaben auf der Verpackung verheißen russische Kirschen im süßen Kern.

Willkommen in Israels wichtigster Hafenstadt Aschdod. Nur Geografen würden behaupten, dass die Küstenstadt vierzig Kilometer südlich von Tel Aviv in Israel liegt. Kulturell befindet sich Aschdod fest in russischer Hand. Als die Rockgruppe Bivda aus Russland hier auf Tournee war, füllten Hunderte Jugendliche einen Club und grölten fröhlich die neuen Schlager mit. Unweit tanzen ältere Paare zu gediegener Musik Walzer und Rumba. »Die

Russen haben sich hier besser eingelebt als in jedem anderen Land der Welt«, sagt Wladimir Gerschow, lange Zeit der Verantwortliche für die Aufnahme der Neueinwanderer und zehn Jahre lang stellvertretender Bürgermeister Aschdods. Für ihn ist seine Stadt Symbol für die erfolgreiche Integration seiner Landsleute.

Mehr als eine Million Menschen wanderten nach dem Mauerfall aus der ehemaligen Sowjetunion nach Israel aus. Ein liberales Einwanderungsgesetz, das »Rückkehrrecht«, gewährt jedem Nachkommen eines Juden bis zur dritten Generation samt seinem Partner umgehend die israelische Staatsbürgerschaft. Der Staat verleiht großzügige Hilfen, um den Umzug zu erleichtern. »Die russischen Einwanderer haben unser Land gerettet und sind eines der größten Wunder, die unserem Staat widerfahren sind«, sagt Premierminister Benjamin Netanjahu. Jeder siebte Staatsbürger Israels und jeder fünfte Soldat stammt aus der ehemaligen Sowjetunion. Eingewanderte Leistungssportler vertreten Israel in internationalen Wettkämpfen. Alex Averbuch wurde in Sibirien geboren, jetzt erringt er für Israel Goldmedaillen im Stabhochsprung.

Die »Russen«, wie man alle Einwanderer aus den GUS-Staaten bezeichnet, waren gebildet, siebzig Prozent besaßen einen Hochschulabschluss. So bescherte die *Aliyah,* wie Einwanderungswellen in Israel genannt werden, dem Land dreiundzwanzigtausend Ärzte, fünfundzwanzigtausend Krankenschwestern, hundertachttausend Ingenieure, einundzwanzigtausend Künstler und fünfzigtausend Lehrer. Jeder vierte Dozent an Israels Universitäten stammt aus der ehemaligen Sowjetunion, in den Naturwissenschaften sogar noch mehr. In der Ben-Gurion-Universität in Beer Scheva sind mehr als sechzig Prozent der Fakultät für Mathematik Einwanderer. Die Zahl der in Israel veröffentlichten wissenschaftlichen Arbeiten hat sich seit 1991 fast verdoppelt. Auch in Kunst und Kultur war ihr Beitrag enorm: Aschdods andalusisches Orchester spielt zwar hauptsächlich orientalische Musik, zwei Drittel der Musiker stammten aber aus den GUS-Staaten.

In der Politik ist der Einfluss der Einwanderer deutlicher spürbar als in der Kultur. Sie beteiligen sich in hohen Prozentzahlen an den Wahlen und lösen damit einen Rechtsruck aus. »Die Russen brachten eine für Israel einzigartige Mischung mit: Sie sind einerseits nationalistisch, gleichzeitig aber auch sehr antireligiös«, sagt Lia Shemtov, die selber der nationalistischen, antireligiösen Partei des amtierenden Außenministers Avigdor Liebermann angehört. »Wir kamen aus einem riesigen Land«, sagt Gerschow. »Was sind die Golanhöhen im Vergleich zum Ural? Ein klitzekleines Stückchen Land. Wir Russen haben aus der Geschichte gelernt. Genau wie Deutschland niemals Königsberg zurückbekommen wird, so werden auch die Araber nichts zurückerhalten.« Längst haben auch viele Israelis diese Einstellung übernommen. Ein Drittel der Wähler Liebermanns sind alteingesessene Israelis. »Ich bin mir sicher, dass heutzutage ein Russe sogar zum Premierminister gewählt werden könnte«, so Gerschow.

Die Integration dieser gewaltigen Menschenmasse verlief nicht ohne Spannungen. »Israel war gut auf eine Masseneinwanderung vorbereitet. Aber man rechnete mit hunderttausend Menschen, nicht mit einer Million«, sagt Shemtov, die als Vorsitzende des parlamentarischen Ausschusses für Immigration amtiert. Aschdod wurde dabei zum Paradebeispiel. In wenigen Jahren schwoll die Stadtbevölkerung von achtzigtausend auf heute zweihundertzehntausend an. Die Hafenstadt nahm die größte Zahl russischer Einwanderer auf. Appartements, die als vierräumige Luxusdomizile geplant waren, wurden kurzerhand in kleine Zwei-Zimmer-Wohnungen umfunktioniert, in denen ganze Familien untergebracht wurden. Bis heute teilen sich Großfamilien dieselbe Immobilie.

Die ersten russischen Einwanderer wollten sich noch völlig assimilieren. Damals dominierte in Israel noch die Idee des Schmelztiegels: Alle Einwanderer sollten eine »israelische Identität« annehmen und ihre Wurzeln vergessen. Shemtov sprach mit ihren Kindern kein Wort Russisch: »Ich wollte, dass sie echte Israelis werden.« Ihre große Tochter hat ein paar Brocken Russisch von der Großmutter aufgeschnappt, ihr kleiner Sohn versteht kein Wort. »Heute denke ich, dass ich einen Fehler gemacht habe«, sagt Shemtov. Je größer die Gemeinde der Russen in Israel wurde, desto geringer der Druck, sich zu assimilieren. Die zweite Generation kehrt zu ihren russischen Wurzeln zurück und ist stolz auf sie. Heute verkaufen im ganzen Land rund zweihundert Buchläden russische Literatur, jedes Jahr werden hier dreihundert russische Buchtitel veröffentlicht. Manche von ihnen werden im Ausland zu Bestsellern, im Inland bleiben sie unbekannt. Besonders die Älteren verbleiben in einem russischen Ghetto. Das israelische Kabelfernsehen bietet vier russische Kanäle, nur vierzehn Prozent der ehemaligen Russen sehen hebräische Sender. Selbst der ansonsten so israelbegeisterte Gerschow hat in seinem Büro ein grünes Landschaftsbild aufgehängt. »Das ist ein Tal nahe meiner Geburtsstadt Tuabse. Ich vermisse die grüne Natur«, sagt Gerschow. Trotz der nostalgischen Sehnsucht, vieler Probleme und Kriege sind die meisten geblieben. Nur acht Prozent der Einwanderer haben Israel wieder den Rücken gekehrt. »Spätestens nach zwei Wochen wollen alle aus Russland wieder herkommen. Hier fühlen wir uns richtig zuhause«, lacht der gemütliche Gerschow.

Der süße Nahe Osten

In einem Vorort von Tel Aviv bringt Hans Bertele Soldaten und Araber, Männer und Frauen, Juden und Muslime zusammen

Das Paradies sieht hoffentlich anders aus. Die Betonwände im Treppenhaus starren vor Schmutz, steile Treppen und hohe Decken lösen selbst bei sportlichen Besuchern bereits in der zweiten Etage ein leichtes Keuchen aus. Doch hinter der unscheinbaren Tür im dritten Stock ist alles anders: Zig junge Israelis pilgern jedes Jahr in dieses heruntergekommene Gebäude in der Industriezone von Petach Tikwa, einem Vorort Tel Avivs, um einen Lebenstraum zu verwirklichen. Schnell schlüpft eine israelische Offizierin aus ihrer Uniform in dieselbe Kleidung wie der muslimische Araber, der wenige Minuten vor ihr angekommen ist. Willkommen im Reich von Hans Bertele, einem energischen deutschen Bäcker. Hier herrschen andere Regeln als draußen, egal, woher oder aus welchem Grund man kommt: Hände waschen, Hütchen aufsetzen und Plastikschürze anziehen, Punkt fünf Uhr beginnt der Kurs von Israels unangefochtenem Kuchenguru.

Einer der Schüler ist der fünfunddreißig Jahre alte Eyal Harmann. Harmann hat bereits eine erfolgreiche Karriere hinter sich: Er ist verheiratet, hat eine Tochter und verdiente als Manager bei einer internationalen Hightechfirma ein vorzügliches Gehalt.

Trotzdem fehlte ihm etwas: »Ich träume seit meinem achten Lebensjahr davon, Bäcker zu werden.« Seine Frau habe ihn bei seinem Entschluss unterstützt, seinen Traum zu verwirklichen. Also verließ er vor einem halben Jahr seinen sicheren Job in den Chefetagen, um seither einmal die Woche in Berteles Fabrik backen zu lernen. »Alle in der Branche wissen, dass Hans der Beste ist.« Die höchste Ambition des ehemaligen Managers ist heute, nach den dreißig Treffen in Berteles Kurs für drei Monate als Lehrling arbeiten zu dürfen, um weiter zu lernen.

Ohne Schnickschnack oder Einleitung beginnt Bertele seinen fünfzig Minuten langen Vortrag über die Beziehung zwischen Mehl, Gluten und Hefepilzen. »Hefekuchen ist mein gefragtester Workshop«, sagt er und hebt die Stimme, damit sein mit Deutsch akzentuiertes Hebräisch das konstante Dröhnen der Kühlschränke, Backöfen und Teigmaschinen übertönt. »Nichts ist schwerer, als mit Hefe zu arbeiten«, sagt der sechsundsechzigjährige Bäckermeister und fährt fort, als beschriebe er ein Duell: »Hefe macht was sie will. Ihr müsst ihr von Anfang an zeigen, wer der Boss ist.« Resolut demonstriert er, wie der Teig geknetet werden soll, »damit er nicht außer Rand und Band gerät«. »Heute arbeiten wir ganz, ganz genau, sonst wird der Kuchen so trocken wie die Negevwüste!«, mahnt Bertele. Ein erstes Lächeln huscht über die ernsten Gesichter der sechs Frauen und zwei Männer, von denen jeder rund dreitausendvierhundert Euro gezahlt hat, um sich in dreißig Workshops jeweils bis kurz vor Mitternacht abzurackern.

»Backen ist Leben«, sagt Bertele. Das war für den gebürtigen Ravensburger schon immer so. »Meiner Familie gehörte ein Bauernhof und ein Hotel. Wir Kinder mussten einen Beruf erlernen, um mit anpacken zu können.« Arbeit galt in der schwäbischen Familie »als einer der höchsten Werte«, sagt Bertele. Mit fünfzehn Jahren ging der kleine Hans in die Konditorlehre, machte monatelang Eis, später durfte er in die Backstube. »Das war eine harte Zeit. Zur Lehre gehörten damals Ohrfeigen und Tritte in den Hintern, sogar als ich schon neunzehn Jahre alt war.« Nach seiner Lehre ging Bertele in die Hotellerie, wo er bald eine führende Position innehatte. Der Ruf nach Israel kam für ihn unerwartet: »Mein Hotelchef war nach Tel Aviv versetzt worden. Nun bat er mich darum, dort Patissier zu werden.« Bertele hatte Zweifel. Es war 1967, der Sechstagekrieg war gerade vorbei. »Was soll ich da, ist doch gefährlich«, antwortete er damals. »Da packte er mich bei der Ehre. Schließlich sei ja auch seine Frau in Israel, und es sei gar nicht so schlimm. Also ging ich.«

Anfangs wollte Bertele nur kurz in Israel bleiben: »In der Küche hassten sie mich, weil ich Deutscher war. Meine Mitarbeiter wollten mich rausekeln.« Den trotzigen Schwaben bewegte dies jedoch dazu, noch härter zu arbeiten. Nach kurzer Zeit wurden seine Widersacher entlassen und er zum Küchenchef ernannt. Außerhalb des Hotels ging Bertele auf Entdeckungsreisen: »Israel war wie ein Paradies – immer schien die Sonne, die Menschen waren warm, offen und direkt. Es gefiel mir und ich beschloss zu bleiben.« Das Gastland wurde Heimat.

Die Beziehung zu Nira, die später seine erste Frau werden sollte, überzeugte ihn davon, zum Judentum überzutreten. »Sechs Mal schmissen die Rabbiner mich aus ihrem Büro. Aber ich blieb hartnäckig«, beschreibt Bertele ein Verhalten, das sich als Grundmuster entpuppt. »Judentum war für mich etwas sehr logisches, ich habe viel darin investiert. Als die Rabbiner schließlich bereit waren, mich zu prüfen, waren sie von meinem Wissen überrascht.« Mit einem Lachen erinnert er sich an die schmerzhaften Aspekte des Übertritts: »Nach der Beschneidung im Krankenhaus konnte ich drei Tage lang nicht gehen.«

Noch immer betrachteten viele Israelis ihn als Fremden. Deswegen entschloss Bertele sich, zur Armee zu gehen. Im Jom-Kippur-Krieg 1973 diente er als Reservist der Artillerie. »Sie zogen uns ein. Auf dem Weg zu den Golanhöhen sah ich die Geschütze schon weit entfernt von der Grenze im Tal am See Genezareth stehen. Da verstand ich, wie ernst die Lage war.« Sechs Monate diente Bertele und focht in den schwersten Schlachten mit. »Danach wurde ich von allen als Israeli anerkannt. Dass ich Deutscher gewesen war, spielte keine Rolle mehr. Sogar die Familie meiner Frau, von denen viele im KZ gewesen waren, akzeptierten mich nach 1973 als einen der Ihren.« In den achtziger Jahren hatte Bertele genug von der Hotellerie. Er startete in einem kleinen Vorort einen ersten Backkurs. Im sozialistisch geprägten Israel, in dem alle von subventioniertem Einheitsbrot lebten, sprachen sich die Kurse des deutschen Meisterbäckers schnell herum. Alles, was in den hiesigen Kochshows heute Rang und Namen hat, lernte in den achtziger Jahren bei Bertele. Seine Schüler betreiben heute erfolgreiche Restaurantketten und veröffentlichen in ihren Kochbüchern die Kniffe, die sie bei ihm erfuhren. Inzwischen hat der Bäcker aus Deutschland sogar eine eigene Kochshow im Fernsehen. Israel bäckt jetzt begeistert deutsch.

Ein anderer Schüler ist A., der anonym bleiben will. Der achtundzwanzig Jahre alte Leiter eines Kaffeehauses hat mehr als nur geschäftliches Interesse an Berteles Kurs. »Meine Freundin und ich wollen heiraten. Aber ich bin Muslim, und sie ist Christin. Deswegen sind ihre Eltern dagegen«, sagt er. Er und seine Geliebte wollen durchbrennen und haben einen Geheimplan ausgetüftelt: »In Kanada werden Konditoren gesucht. Wenn ich hier fertig bin, kann ich eine Einreisegenehmigung erhalten, damit ich mit meiner Freundin dorthin flüchten und wir heiraten können.«

Stundenlang walzen, kneten und mischen die Studenten in Berteles Großküche. Der Bäckermeister ist seit sechs Uhr auf den Beinen, aber selbst um zehn Uhr nachts ist ihm keine Müdigkeit anzusehen. »Wenn ich von Teig spreche, lebe ich auf«, bezeugt Bertele. Er ist allerorts mit Rat und Tat zur Hand: Hier ist der Teig zu dick, dort fehlt Mehl, da hat ein übereifriger Schüler zu viel Schokoladensauce in seinen Kuchen gepappt. Macht nichts: Bei Bertele darf man nach getaner Arbeit die Finger ablecken und nach Herzenslust probieren. Gegen elf kommen die ersten Kuchen mit betörendem Duft aus dem Ofen. Der deutsche Perfektionist beginnt nun mit dem Finish: Wie eine Fee wirbelt Bertele über die Bleche, bestäubt die noch dampfenden Schokokuchen mit Puderzucker, glasiert Käsekuchen mit Gelee und lässt Mandeln auf Marzipanstollen rieseln. Spätestens jetzt, wenn man endlich das Endprodukt der schweren Arbeit probieren darf, kann man sich sicher sein: In dem schäbigen Gebäude in Petach Tikwa mag es nicht aussehen wie im Paradies, aber es schmeckt so.